W9-BFH-463

paroles
pour le coeur

Du même auteur:

Les Éditions de Mortagne:

Le voyage intérieur, 256 pages, 1979.
Les voies du possible, 156 pages, 1981.
L'homme qui commence, 312 pages, 1981.
Un torrent de silence, 368 pages, 1985.
L'homme inchangé, 160 pages, 1986.
Pensées pour les jours ordinaires,
158 pages, 1986.
La grande rencontre, 1986.
Une voie qui coule comme l'eau,
160 pages, 1986.
Messages pour le vrai monde,
160 pages, 1987.

Les productions Minos:

Réincarnation et Karma, 240 pages.
(En collaboration avec
Jacques Languirand)

Une religion sans murs, 248 pages, 1984

Placide Gaboury

paroles pour le coeur

Édition
Mortagne Poche
250, boul. Industriel, bureau 100
Boucherville (Québec)
J4B 2X4

Diffusion
Tél.: (514) 641-2387
Téléc.: (514) 655-6092

Dépôt légal
Bibliothèque nationale du Canada
Bibliothèque nationale du Québec
1er trimestre 1993

ISBN: 2-89074-523-6

1 2 3 4 5 - 93 - 97 96 95 94 93

Imprimé au Canada

Préface

Placide Gaboury est un auteur qui sonne juste. Il s'exprime de façon claire et simple, à la portée de tout le monde. Ce qui est rare dans le domaine spirituel. Ses derniers écrits — la série des populaires «mini livres» — sont denses et légers à la fois: ils tombent à point, ils touchent.

Un nombre croissant de lecteurs québécois et européens s'abreuvent à cette source parce que l'auteur parle le langage du temps, d'un temps d'ouverture, d'exploration libre, d'intériorisation. Les gens ont besoin de se retrouver, de redécouvrir leur cœur, le sens de leur vie, l'unité de leur corps et de leurs émotions, de leur tête et de leur cœur. Ils veulent comprendre qui ils sont. Ils veulent croire en eux-mêmes et reprendre espoir. Ils cherchent à retrouver la confiance et la grandeur d'âme de leur enfance, au-delà des dogmes, des Églises, des défenses et des peurs. Au-delà des manipulations ecclésiastiques. Ils veulent redécouvrir le lieu intérieur. Ils veulent retourner à leur source intime, à la vie spirituelle qui veille en eux. Et, ils sont prêts à tout dépasser et traverser pour la retrouver.

L'escalier

On entend si souvent la question suivante: Comment peut-on progresser malgré toutes les difficultés quotidiennes? C'est comme si on demandait s'il est possible de monter au deuxième étage malgré les marches. Alors que ce n'est pas malgré mais grâce à l'escalier qu'on peut monter au deuxième. Je sais que vous pensez à une échappatoire, mais dans la vie il n'y a pas d'ascenseur! On monte marche par marche avec ses propres pieds et aucune technologie ne peut nous remplacer. Il n'y a pas de raccourci. On ne saute pas d'étapes. On ne peut aller plus vite que la musique, que sa musique.

Vivre, c'est passer consciemment par chaque instant, c'est remplir avec application chaque petit événement qui se présente, avec grand soin, avec respect même, afin que rien n'en soit perdu. Comme on goûterait un beaujolais nouveau en prenant soin de n'en perdre aucune goutte. Savourer le moindre instant, goûter la moindre chose, sentir le moindre parfum, jouir de la présence de chaque personne, éprouver la moindre peur, ressentir la plus infime douleur, apprécier chaque syllabe du chant, chaque goutte de cette immense fontaine de joie et de peine qu'est l'arbre de la vie.

Tout nous fait progresser dans la mesure où on le vit pleinement, en l'acceptant. Tout nous sert à progresser. Il n'y a pas de rôle, d'occupations privilégiées. Seule l'intensité de l'amour-tendresse remplit de sens et fait monter. (Allez demander à l'étoile olympique ce qui lui donne cette incessante et tenace application à chaque jour de son long et difficile entraînement!) Le bateau ne peut passer l'écluse avant que le niveau d'eau requis ne soit atteint. C'est l'intensité de l'amour qui fait monter l'eau et permet au bateau d'accéder à la chambre suivante. C'est l'intense amour de la lumière qui fait que la tendre pousse perce petit à petit l'asphalte.

Cette notion est sans romantisme. Ce n'est pas romantique de se lever à 6h pour aller travailler quand on est grippé; ce n'est pas romantique de sortir les vidanges quand il fait moins 25; et sûrement pas de prendre le métro aux heures de pointe, de faire la queue pour l'autobus qui n'arrive pas, de tomber en panne, d'avoir une crevaison, de perdre sa nuit pour un bébé qui pleure, de voir la maisonnée terrassée par la fièvre, de recevoir les comptes, de remplir ses impôts, de faire les emplettes, de laver sa vaisselle, son linge ou son plancher. Mais la vie n'est pas romantique. Le romantisme est du *wishful thinking*; c'est rêver à ce qui n'existe pas. La vie des films et téléromans nous donne l'impression que la vie doit être ou pourrait être plus intéressante — que l'on a dû manquer quelque chose quelque part, qu'il doit y avoir quelque chose qu'on n'a pas fait comme il faut et à cause de quoi on mène une vie si plate. À cause de cela, on rêve d'une vie romantique où tout serait agréable, gentil et plaisant. Et on continue de chercher jusqu'à ce qu'on ait trouvé cette fameuse chose qui ferait passer miraculeusement du blanc et noir à la couleur.

Mais c'est moi qui aplatis ma vie. C'est moi qui ne savoure pas les instants, si bien qu'il n'y a que des vides dans ma vie avec quelques fuyantes et furieuses compensations à la taverne, au party ou au disco. C'est moi qui attends que ma vie soit valorisée par quelque chose. Quelque chose qui viendrait comme une fée ou un maître de cirque transformer d'un coup de baguette tout cet ennui en une aventure exaltante, pour enfin vivre une vie qui serait une suite continue de moments forts. Il n'y a que moi qui puisse transformer ma vie. C'est à moi d'accepter les instants que je vis. En les refusant, c'est moi qui leur enlève toute valeur. En les acceptant, je les remplis de moi, de ma valeur, de ma réalité. Je vis une aventure unique au monde, un mélange de joies et de peines que je suis le seul à connaître. J'habite ma vie. Je ne suis pas ailleurs, absent, comme marchant à côté de ma bicyclette.

Accepter le quotidien est pour chacun la chose la plus difficile. On ne veut pas vivre sa vie, on veut vivre une vie différente, celle qu'on a rêvée ou celle des autres (la partie qui nous séduit, bien sûr, pas leur vie quotidienne, qu'on s'arrange pour oublier ou nier). Mais on ne progresse qu'en remplissant d'une présence attentive ses petits moments sans histoire. Lorsqu'on accepte de vivre chacun de ces instants, sans attendre autre chose, on bâtit une plénitude que rien ne peut attaquer. C'est alors que dans notre vie, rien ne se perd, qu'au contraire, tout se crée.

Pourquoi souffrir?

Il y en a qui disent qu'il est nécessaire de souffrir, d'autres, qu'il faut tout faire pour arrêter la souffrance. Un peu comme certains se vouent à pratiquer la pauvreté, alors que d'autres mettent tous leurs efforts à la chasser de la face de la terre.

Un grand nombre souffrent toute leur vie sans que leur conscience n'en soit améliorée ou éclairée: ils deviennent aigris, durs et méchants. La souffrance en soi ne libère pas et n'éclaire pas. Il y a moyen de résister aux leçons de la souffrance, comme de toute autre leçon de la vie. Il y en a d'autres en revanche qui semblent apprendre à travers tout ce qui leur arrive, les pires coups comme les moindres. Leur état de conscience est différent.

Quand on a trop mangé et que l'estomac fait mal, il y a une leçon à apprendre. Quand on a manifesté de la haine pour quelqu'un et que cela fait mal dans la région de la poitrine, il y a une leçon à apprendre. Et quand on a refoulé une émotion de colère ou de passion amoureuse, le mal que cela nous fait au ventre, est également une leçon. Et quelle est la leçon? Qu'on ne peut impunément briser l'harmonie de notre être, l'harmonie des êtres, l'harmonie de la vie. Il y a des lois à respecter. Les conséquences suivent les actes comme le tonnerre l'éclair, comme les ondes se répandent autour d'une pierre jetée à l'eau.

Ces souffrances sont celles qu'on s'impose soi-même. Mais il y en a d'autres que l'on peut recevoir de l'extérieur: les pertes de réputation, de personnes aimées, d'argent, d'emploi, de santé, les accidents, le feu, la persécution et dans certains cas, la torture. S'il est clair qu'en enfreignant aux lois d'harmonie on s'attire la souffrance (comme lorsqu'on mange trop ou mal et que l'estomac ou le foie nous font souffrir), il se peut aussi que la souffrance reçue de l'extérieur soit due aux manquements antérieurs et tout ce que nous faisons en subissant les coups de la vie, c'est recevoir les conséquences de nos actes passés. On voit les ondes se répandre autour d'une pierre qu'on a un jour jetée à l'eau. Peut-être que c'est ici que la souffrance peut prendre un sens. Elle devient en quelque sorte l'outil pédagogique que la nature emploie pour susciter une évolution harmonieuse chez ses membres désordonnés. La nature nous met sous le nez les conséquences de ce que nous avons semé précédemment, afin que nous voyions nos actes et changions d'attitude.

Nous sommes sans doute libres de jeter la pierre à l'eau, mais une fois ce geste posé, les conséquences — les ondes courant vers la rive et revenant à la pierre ne peuvent être évitées. En posant tel geste, on a mis en marche toute une série d'événements. Disons que je tue quelqu'un qui m'empêche d'obtenir ce que je veux (une femme, une somme d'argent), eh bien, si je suis plus ou moins libre de tirer sur la gâchette, je ne suis pas libre d'accepter ou de refuser les conséquences d'un tel geste sur moi-même, sur ma famille, mon milieu et peut-être même sur les générations à venir, ainsi que sur mes vies futures. Les ondes suivront la chute de la pierre, comme le tonnerre suit l'éclair, ou, comme Newton l'avait démontré, le mur renvoie la balle avec la même énergie qu'elle la reçoit.

La souffrance qui suit un crime, une offense, une colère, une brutalité, une hypocrisie, un coup bas profondément voulu, une parole diffamatoire, se propage sur les plages intérieures aussi bien qu'extérieures: les ondes d'énergie répandue atteignent les autres, mais également soi-même. Le premier mal que l'on fait, c'est à soi-même. Nous ne sommes que liens avec les choses et les êtres, et lorsque ces liens sont perturbés, tous les éléments reliés en souffrent: il n'y a plus alors d'extérieur ou d'intérieur, mais un grand lac parcouru d'ondes troublées. Nous sommes comme des poissons dans l'eau: la moindre pollution, le moindre mouvement atteignent toute l'eau et tous ceux qui y nagent.

La fin du monde

Comme je vois les choses, le monde physique — l'univers, le cosmos n'a pas eu de commencement. Et comme ce qui commence peut seul avoir une fin, l'expression fin du monde (ou jugement final en langage religieux) n'a pour moi guère de sens.

Les êtres composés de parties (d'atomes, de molécules, de cellules) se désagrègent et à un moment donné, chaque atome conservant sa vie mais se regroupant autrement pour former d'autres corps. Un jour, dans un numéro de la revue *Question de* consacré à la fin du monde, il y avait une photo de deux galaxies se heurtant de front. C'était bien sûr la fin de ces mondes-là. Mais ce n'était pas la fin du monde, pas plus que la désintégration d'une cellule n'implique la fin du corps entier.

Jean Charon affirme que l'univers va atteindre 52 milliards d'années (nous n'en sommes qu'à quelque 16 milliards) avant de rétrécir, pour retourner après 52 autres milliards d'années à la condition d'un big bang qui va recommencer le même cycle. Il ajoute que ce cycle a déjà été accompli un nombre incalculable de fois. L'univers n'a ni fin ni commencement selon lui, de même que selon la cosmogonie hindoue.

C'est la mode d'être affecté par ce qui s'appelle la sinistrose — cette croyance négative qui voit tout en noir, et qui interprète tous les événements de façon néfaste et destructrice — un peu comme le bloc de marbre se voyant perdre tous ses chers morceaux devant les menaçants coups de ciseau du sculpteur.

Il y a évidemment moyen de voir le monde en blanc ou en noir comme dans un film de cow-boys. Les bons d'un côté (ce qui veut toujours dire moi et mon groupe) et de l'autre, les méchants (habituellement noircis et repoussants). Chacun a raison: si je vois le monde comme piégé, les hommes comme mauvais, la vie comme pourrie, tous les événements, les êtres et les choses le confirmeront avec une logique impeccable, puisque mon mental émotif ne verra que les aspérités, les échecs, les laideurs, les failles. Je serai entouré, comme je le voulais, de laideurs. Oui, comme je le voulais, car il ne faudrait pas croire qu'une vision du monde ne soit pas tendancieuse: j'y mets ce que je veux, ce que je crains, ce que je désire. On interprète le monde, on ne le voit pas tel qu'il est, aussi longtemps qu'on entretient des passions, de la peur et de la culpabilité.

Il est donc naturel que certains esprits projettent un univers grevé de désastres, de malheurs et d'apocalypses. Et ce n'est pas par accident non plus que ces mêmes esprits (qui à travers le monde forment un champ énergétique) déterrent, rééditent et réinterprètent les textes prophétiques annonçant les fins du monde (car il y en a eu plusieurs d'annoncées par le passé). L'approche du chiffre magique de l'an 2000 y ajoute aussi une touche dramatique.

Mais c'est connu que la peur est un désir renversé: on veut inconsciemment ce que l'on craint. Les personnes disposées à se voir comme incompétentes, pleines de faiblesses et manquant de confiance en elles-mêmes, attireront des accidents, des gestes manqués, des oublis, des gaucheries. Craignant le pire, elles l'attirent. Si on se voit comme incapables de gagner une course, on a beau courir vite, c'est peine perdue. Mais si on pense pouvoir y réussir, la possibilité est alors ouverte. On ne gagnera pas forcément, mais on a les chances de son côté. La façon de voir, la mentalité, la disposition d'esprit favorisent tel événement plutôt que tel autre. Cela est trop connu pour qu'on s'y attarde.

Mais on est moins porté à croire que nos discussions (où on émet des pensées) ou simplement nos réflexions, nos passions, nos chicanes et critiques qui répandent l'une après l'autre des ondes de négativité, soient réellement nocives, que ces choses-là soient même réelles. Mais c'est la réalité. Penser à la guerre, en parler, entretenir des idées de mort, d'accident, de catastrophe (surtout si on répand par les médias ce genre d'attitude) amène inévitablement des conséquences négatives. Ce n'est pas que le déferlement d'effets négatifs qui iront en augmentant soit un mal définitif. Cette purification est nécessaire et elle ne peut se faire qu'une fois le négatif exprimé. Un furoncle doit grossir avant d'éclater et ainsi purifier le corps. Pendant qu'il grossit, ce n'est pas le mal qui augmente, c'est le corps qui enserre le mal afin de le faire aboutir. Et après la purification, surgit un être purifié, comme après la peine de l'enfantement, surgit un être nouveau.

Les cultes

J'ai été en contact avec plusieurs groupements en divers pays, comme je communique également avec un bon nombre d'individus attirés par une conscience universelle de paix et de fraternité et qui y travaillent chacun à leur façon.

On peut être appelé à expérimenter des groupes, des communautés de base, des communes vivant à la campagne en communion avec la Terre Mère, un peu à la façon des Amérindiens. Il se peut que cette attirance dure longtemps ou peu de temps. Ce qui est bon pour soi ne l'est pas forcément pour un autre. Et ce qui est bon pour une période de sa vie ne convient pas toujours à une autre. Pour le savoir, il faut vraiment être à l'écoute de son cœur, en résonance avec la sagesse.

Le tempérament, les besoins psychiques, affectifs et culturels jouent ici un rôle important. Car ce n'est pas par accident que l'on a tels talents, telle éducation, telle constitution, tel caractère. C'est pour jouer ce rôle unique qui exprime l'unicité de notre être. Mais trouver sa place peut prendre du temps et exiger toutes sortes d'essais dans diverses directions. Il n'y a pas de mal à faire des détours aussi longtemps que l'on cherche ou que l'on apprend les leçons de ces détours.

Beaucoup déplorent que des jeunes se perdent dans des groupes, dans des cultes et des sectes. Mais dès qu'il y a soumission totale à une autorité puissante, il y a déjà déséquilibre dans les relations, que cela se passe dans la religion catholique, islamique, dans l'armée ou dans le corps médical. Les formes de gouvernements totalitaires ne sont pas toujours là où le dit la propagande: il y a de la tyrannie dans toute organisation où la démocratie, la liberté individuelle, l'autonomie ne sont pas respectées ou encouragées.

Un père de famille très strait veut absolument faire déprogrammer son fils qui s'est allié au groupe des Mormons. Il est lui-même un catholique sévère et étroit et ne peut concevoir que c'est peut-être lui qui est le plus programmé. Toujours est-il qu'il fait déprogrammer son fils, avec chocs électriques et tout le reste. Son fils ne s'en remet pas et le père, bien entendu, blâme les Mormons, alors qu'il fallait blâmer la déprogrammation!

Il ne faudrait pas croire que le conditionnement (parfois le lavage de cerveau) pratiqué dans les écoles, dans la médecine, le droit, la religion organisée, soit anodin et sans conséquences. Mais justement, il n'y a pas de situation humaine où le conditionnement, même un certain lavage de cerveau involontaire, ne soit pratiqué de quelque façon que ce soit. Quelques semaines passées en Europe nous rappellent que chaque pays tire sur son bout de la couverture, cherche à redorer son blason aux dépens du voisin, traitant les Américains de barbares et voyant les autres pays comme inférieurs au sien. Cela se manifeste dans les idées, les comportements, les sports! Les sports surtout! la vitrine des émotions de chaque pays. Chacun est conditionné à se croire supérieur. La culture et les croyances régionales sont du lavage de cerveau. (Voyez à ce propos le film *Jean de Florette*.)

Mais à l'intérieur de chaque pays, c'est-à-dire à l'intérieur même du nationalisme, il s'insère toutes sortes de minigroupes et de mini-religions qui se déchirent et se tiraillent entre eux, chacun voulant être plus puissant et plus reconnu que l'autre ou plus méritant vis-à-vis de l'État.

La puérilité qui apparaît dans ces manifestations culturelles n'a rien à envier aux puérilités des jeunes embarqués dans ce que les adultes appellent, eux, des cultes. Le culte est simplement une façon non approuvée de pratiquer le conditionnement et la soumission. C'est un peu comme l'hérésie, qui est une façon de croire qui est condamnée par le groupe majoritaire, qui défend ainsi *sa* façon de croire. Comme on aime conserver le roulement de sa routine, on voit d'un œil punitif et sévère tout ce qui le menace. Nos habitudes nous aveuglent.

Il faut bien reconnaître que ce que l'adolescent va chercher dans ces sectes et cultes, c'est ce que les parents ou les autorités en place n'ont pas su donner. En ne s'aimant pas eux-mêmes, en ne se respectant pas, en ne se permettant pas d'explorer, de se tromper, de faire des erreurs et des détours, les parents se préparent à avoir des enfants qui vont chercher ailleurs ce qui leur a manqué: l'amour, le respect, l'autonomie. Qu'on ne se surprenne pas que les enfants fassent ici des erreurs: c'est quelque chose qu'on ne leur a jamais permis, justement. Les parents qui restent en croissance, qui continuent d'apprendre, qui conservent un regard critique sur les autorités et les pouvoirs en place, comprennent les crises d'insubordination et d'autonomie des jeunes, car c'est seulement en vivant de façon éveillée et ouverte que les adultes pourront transmettre le goût et la possibilité d'être libre et autonome.

Vivre en groupe

La vie nous mène, chacun à sa façon, vers une communion de plus en plus complète avec toutes choses, avec toutes situations, avec tous les êtres. C'est un exercice d'assouplissement, un apprentissage continuel au lâcher prise, à l'abandon, au *Oui* d'instant en instant. À la danse.

Dans cette aventure, les moyens utilisés sont infiniment variés et seront choisis d'après toutes sortes de critères plus ou moins éclairés. On peut se tromper de bout de chemin, mais si on commet des erreurs en toute bonne foi, le chemin en son entier n'est pas une erreur, mais une aventure de croissance, pourvu qu'on apprenne de ces erreurs.

Même les détours sont féconds en leçons, ils mènent souvent mieux vers le but obscur que bien des décisions prises dans une lucidité apparemment infaillible. Il y a des grâces d'aveuglement qui sont parmi les plus bénéfiques — on ne le découvre souvent que longtemps après.

Parmi ces grâces d'aveuglement, il peut y avoir des appartenances à tel groupe pendant un temps. (Ce groupe peut être l'Église catholique autant que la scientologie ou les gardes rouges.) Cette soumission à une autorité extérieure à soi, cette façon de suivre quelqu'un ou un groupe (secte vient de *sequi*: suivre) comme un enfant aux jupes de sa maman, peut être bonne pour quelqu'un qui a souffert d'isolement ou de rejet, ou qui ne s'est pas encore libéré d'une figure parentale. Mais cette appartenance au groupe ne devrait pas durer, pas plus que le fait de rester dans le nid parental.

Si, en revanche, on se soumet à un groupe exclusif et retiré de la société uniquement pour éviter les conflits et les stress insupportables de la vie moderne, cette soumission retardera la croissance. Elle pourra, bien sûr, enseigner des leçons utiles lorsque, plus tard, le sujet se sera repris lui-même et aura pris conscience de ses agirs, mais il reste que cette soumission n'est pas à cultiver, elle est plutôt à dépasser.

Toutefois, il n'y a pas d'étape manquée aussi longtemps que dure la quête, aussi longtemps que l'on cherche à se trouver, à se libérer, à comprendre. L'important n'est pas d'éviter les erreurs ou les faux pas, mais d'apprendre de tout ce que l'on a vécu.

Certains parents sont profondément angoissés par l'emprise des sectes sur leurs enfants. Mais les enfants retombent sur leurs pattes s'ils ont été éduqués dans la confiance, le respect mutuel et surtout, dans l'humour. Il faut faire confiance en la bonté des êtres, et si l'on est un parent, comprendre que ce n'est pas les paroles, les mises en garde, les avis moraux qui convaincront ou changeront les enfants, mais plutôt la fidélité à soi-même, le respect d'autrui, la compassion, la capacité de croître, de créer et d'être heureux — en un mot, d'aimer.

Si cela a été vécu par les parents, il n'y a rien à craindre. Ceux qui, selon Victor Frankl, ont comme lui vécu les camps de concentration, en sont sortis revigorés ou écrasés, selon que leur attitude devant la vie était celle de la confiance ou du désespoir, de l'amour de soi ou de la culpabilité, d'une aventure à explorer ou dépourvue de sens. Or, cette attitude est la *semence* d'où sort l'arbre de la vie. Une telle attitude ne s'apprend pas de l'extérieur, par les livres où à l'école, mais elle est imprimée au cœur de l'être avant que n'intervienne la pensée.

On peut œuvrer à l'éveil et à l'expansion de la conscience universelle qui remue tant d'êtres aujourd'hui, soit par l'appartenance à un petit groupe (pour y expérimenter une communauté idéale, habituellement en campagne, comme le groupe de Findhorn en Écosse), soit en vivant seul en ville, rencontrant les êtres un à un ou en groupes libres. Je pense qu'il est bon de demeurer souple et de ne pas se figer dans un groupe qui prend au sérieux son mode de vie, son autorité ou son organisation. La souplesse a toujours plus de chances d'être du côté de l'Esprit.

Il ne faut pas oublier que le christianisme au début était considéré comme une secte par la religion officielle (gréco-romaine). Ce n'est que lorsqu'il est devenu majoritaire et puissant qu'il a commencé à se prendre au sérieux. Et dès lors, tous les autres groupements ont été considérés comme suspects, dangereux, hérétiques. Car lorsqu'on a le pouvoir, on peut appeler ses ennemis du nom que l'on veut: ils sont écrasés d'avance et on peut ainsi répandre un règne de terreur qui finit par s'appeler la façon dont les choses doivent se faire, c'est-à-dire, la volonté de Dieu.

Les pouvoirs et la science

Les pouvoirs humains sont illimités. Il n'y a vraiment rien que l'être humain ne puisse faire — marcher sur l'eau et sur le feu, connaître l'avenir, lire la pensée d'autrui, faire bouger des objets à distance, détecter par l'esprit les filons souterrains d'eau, d'huile et de métaux, se rendre invisible, transmuter la matière, se dédoubler, sortir du corps, guérir, rendre la vie à un défunt ou enlever la vie par la pensée, créer des hallucinations à trois dimensions, en plus de tout ce que la technologie du laser, de l'holographie, du transistor, du quartz et de l'ordinateur lui a permis d'accomplir depuis quelques années.

Si les pouvoirs de l'esprit énumérés ici ne sont pas tous reconnus par la science, c'est qu'elle n'a pas encore atteint le degré d'ouverture requis. On sait comment les savants ont tout d'abord réagi aux découvertes de Copernic, de Galilée, de Pasteur, de Planck, d'Einstein, de Darwin et de tant d'autres esprits aventuriers. Le grand savant Lavoisier, qui a été le Newton français, rejetait même la *possibilité* des météores et nos médecins ont encore du mal à accepter l'acupuncture ou l'homéopathie. La même chose s'est produite pour les travaux de l'université Duke où le couple Rhine a réussi, après des années d'acharnement, à faire admettre la parapsychologie par l'Église de la science.

Les savants ne font pas partie de l'ensemble des esprits ouverts à d'autres dimensions que celles reconnues et cartographiées par leurs critères et leurs réussites. La majorité en est conservatrice, peu aventureuse, intéressée plutôt à analyser le connu déjà établi qu'à élargir l'empan de leurs possibilités. L'esprit de découverte est subordonné à l'esprit de nomenclature. On y est plus curateur qu'explorateur. Le clergé scientifique a trop de biens à défendre pour ne pas se méfier de tout ce qui pourrait porter ombrage aux connaissances assurées. Les explorateurs, les aventuriers, les esprits audacieux sont perçus comme des dérangeurs, des marginaux, des exceptions dangereuses.

(On n'a qu'à considérer les idées de Sheldrake, remettant en question l'existence même des lois physiques, ainsi que celles d'un Charon dont l'audace de vision dérange les dogmes de l'Église scientifique.)

Et cependant, l'aventure du savant c'est précisément de se laisser toucher par une vision intuitive, par une possibilité jamais encore envisagée, un élan intérieur qui ouvre les conceptions sur un

beaucoup plus vaste et compré-
, incluant toujours plus de don-
, de réalité, d'être. Il s'agit de rece-
voir une inspiration pour ensuite la vérifier. Mais c'est avant tout *la vue globale et intuitive*, la réceptivité à une Réalité, à un Dessein déjà existants, qui seule rend possible l'hypothèse de travail, ses preuves et ses épreuves. C'est la conscience libérée de ses peurs et préjugés qui seule peut accéder à cette inspiration ou lui être ouverte et sensible. Seule l'intelligence du cœur, débordant l'étroitesse du mental enfoncé dans son acquis, seule la finesse du cœur peut reconnaître ce que Bateson appelait le dessein qui connecte toutes choses — reconnaissance qui est pour moi le rôle et le signe de l'intelligence.

La science nouvelle — celle de Bohm, Sheldrake, Capra, Domash, Josephson, Pribram, Charon et Prigogine — est autant une métaphysique qu'une méthode rationnelle. C'est la passion de la découverte qui la fait valeur d'une science et d'un savant. Certes, la tradition sur laquelle se fondent les savants ne peut être gratuitement remise en question comme le serait l'autorité par un adolescent, mais il reste que l'esprit du chercheur doit être prêt à remettre en doute la tradition établie, dès qu'il perçoit une autre façon de la construire, de l'exprimer ou de la concevoir, dès qu'il y perçoit une faille qui n'avait pas été remarquée jusque-là.

L'homme de science ne peut rejeter aucun élément du puzzle avant d'en avoir rassemblé toutes les pièces. Refuser un phénomène — tel que la possibilité de prévoir l'avenir ou de créer de la matière — c'est cesser d'être scientifique. Refuser absolument de croire quelque chose (malgré des faits de plus en plus nombreux) peut être autant de la superstition que de croire trop avidement sans aucune preuve: l'incrédulité est un excès identique à la crédulité.

Être scientifique, c'est être prêt à tout considérer, à tout reconsidérer dès qu'un élément nouveau remet en question une preuve bien établie. C'est l'ouverture à l'inconnu qui caractérise le véritable savant. Or, c'est cela aussi qui caractérise toute personne en croissance, toute personne en amour avec la vie.

La nouvelle science a cessé de se prendre au sérieux. Elle avoue clairement qu'elle ne saurait aucunement atteindre le fondement de la réalité physique: tout ce qu'elle atteint ce sont des ombres, des apparences exprimées dans des formules mathématiques. Jamais elle n'atteint la source de ces apparences, la lumière qui produit ces ombres.

Cette confession de la part des savants va encore plus loin. Elle affirme non seulement qu'une autre dimension est nécessaire pour comprendre la réalité physique, mais que cette dimension est exigée par les limites mêmes de la science. La différence entre la science du 19e siècle et celle d'aujourd'hui, c'est que celle d'hier, dans sa prétention à tout connaître, ne laissant pas de place au monde spirituel, qu'elle niait, refusait et ridiculisait, alors que la nouvelle science laisse au spirituel toute la place qui lui est due et que les sagesses de tous les temps lui reconnaissaient.

Marcher sur le feu

La capacité de marcher sur l'eau n'est pas réservée à la tradition chrétienne qui en a fait une des prérogatives de Jésus. Bien avant lui, à l'époque du Bouddha on connaissait le phénomène, et Patanjali dans ses *Soutras* le mentionne parmi les pouvoirs du yogi. En effet, un jour le Bouddha et ses disciples prennent un traversier. Ils aperçoivent à distance quelqu'un marcher sur l'eau. Les disciples, désireux de posséder ce pouvoir, demandent au Bouddha quel en serait la valeur pour la vie spirituelle. Le Bouddha ne répond pas. Une fois la rivière traversée, il remet 20 sous au passeur, et en regardant ses disciples, leur dit: Voilà ce que ça vaut: 20 sous. Pourquoi passer 25 ans de sa vie à apprendre à marcher sur l'eau alors qu'il suffit de prendre un traversier?

Si on ne parle guère de ces phénomènes dans les traditions orientales, alors que leur valeur est surfaite dans l'histoire de Jésus, c'est que justement ces choses n'étaient pas considérées comme importantes pour l'avancement, pour le développement du cœur.

Les pouvoirs existent. On n'a qu'à lire les rapports faits par la revue *National Geographic* sur le phénomène qui s'appelle marcher sur le feu, qui a été étudié par une équipe de l'Université d'Oxford et rapporté par plusieurs magazines et journaux, dont le *New York Times* et *Atlantic Monthly*. Ces pouvoirs sont pratiqués dans les îles Fiji, en Inde, à Hawaï, même en Colombie canadienne. Il se donne même actuellement des cours pour apprendre à marcher sur le feu! Et aucun scientifique ne peut en fournir d'explication. Cela n'entre tout simplement pas dans le modèle d'interprétation actuel.

Et pourtant, il s'agit de choses vérifiables: des gens qui ayant creusé des tranchées de plusieurs mètres, y font brûler des feux pendant des heures, jusqu'à ce que la chaleur atteigne quelque 135°C, et qui après des jours de préparation psycho-spirituelle, y marchent sans brûlure aux pieds (examinés au préalable), aux cheveux, même aux vêtements. Les enfants, assis sur les épaules des adultes, ne sont pas davantage atteints. Et ces gens ne traversent pas les braises en courant, mais doucement, en se penchant pour répandre des braises sur leur tête, et en repassant parfois plusieurs fois. L'âge n'y fait rien.

Mais l'état de conscience, si. Car tout se joue à ce niveau. Je ne mentionne pas ici les dons extraordinaires manifestés par Swami Rama, examinés plusieurs fois par la Menninger Foundation, et qui peut arrêter son cœur à volonté. Il fut témoin d'une foule d'incidents inexplicables et étonnants rapportés dans son livre, *Living Masters of the Himilayas*. Il y a aussi le livre de Yogananda, qui fait autorité, *Autobiographie d'un Yogi*, ainsi que les livres de Lyall Watson, le biologiste contemporain, ceux de Colin Wilson, en particulier son dernier, *Mystères*, de Jacques Bergier, de Ian Stevenson sur la réincarnation, et l'autobiographie de Trungpa où dans son Tibet natal il nous raconte qu'un maître décédé est devenu de la lumière — phénomène que les sages de l'endroit ont décrit comme se produisant souvent.

Il faut enlever les œillères du passé et de l'habitude, pour commencer à percevoir ce qu'est vraiment cet être humain qui, en refusant de considérer tout le potentiel qu'il recèle, n'a pu révéler qu'une faible portion de ses dons. Ce qui expliquerait en partie sa cruauté, sa petitesse et sa bêtise. L'homme n'a pas encore vraiment commencé. Comme dit Lorenz, le chaînon manquant entre le singe et l'homme véritable, c'est nous.

Le désespoir

Si on n'a pas connu le désespoir, on ne comprend pas la vie. On ne peut vivre en profondeur. Peut-être même qu'on ne peut aimer vraiment. Le désespoir creuse la confiance, comme un *bulldozer* qui prépare les fondations d'une maison. C'est la profondeur du désespoir qui permet ensuite de dire un oui sans condition.

Le désespoir, le découragement, l'expérience d'être vidé, d'être rendu à bout, de ne plus pouvoir avancer, de vouloir mourir, font découvrir la dimension la plus importante de notre être. Sur terre, on ne comprend souvent la lumière qu'à travers l'ombre, qu'après avoir traversé l'ombre. Ce n'est pas par hasard que les alcooliques réformés n'ont pu changer qu'après avoir atteint les bas-fonds. Il y a en nous un vide, une faiblesse-limite, un manque de courage, une paresse, une démission. Ces choses-là peuvent être vécues plusieurs fois durant nos vies.

Il y a des soirs où je voudrais simplement que ça finisse. Je voudrais ne plus m'éveiller. La vie, c'est trop. Il y a trop de choses d'un seul coup. Il y a trop de peine, trop d'épreuves, trop de mal. On ne veut plus avancer. On veut disparaître.

Oui, il y a des soirs où ça m'arrive. Il y a des fois en me couchant où je me dis: «j'espère que c'est la dernière nuit, j'espère partir cette fois-ci», mais évidemment ça n'arrive jamais au moment où on le voudrait! Je sens vaguement dans cette réaction que c'est trouble, que ce n'est pas quelque chose de sain ou de correct. Je sens qu'en disant que je suis désespéré, déprimé, fini, cela imprime l'idée encore plus profondément, comme si ça me paralysait. Je sens qu'il y a au fond de moi quelque chose qui regarde tout cela sans rien dire, en me le permettant, sans me juger et sans désespérer.

Une fois que le pire est passé je dis: «que ta volonté soit faite». Je ne le dis pas avec enthousiasme ni avec grande conviction. Mais je le dis. Cela n'empêche pas les larmes. On peut très bien consentir à l'épreuve en pleurant comme une fontaine. On ne peut empêcher la peine, même si le cœur dit oui à l'épreuve.

Quand on est à l'hôpital, après une opération sérieuse, la douleur peut être si atroce que l'on ne veut plus parler à personne. On est un peu comme un animal quand il s'agit de la souffrance; on souffre seul comme on naît et meurt seul.

Et pendant que cela dure, moi le patient je ne peux rien. Du reste, je ne suis pas forcément touché par les prières ou les bonnes pensées des autres. Car de mon point de vue cela n'empêche pas ma souffrance. Je suis même un peu agacé, écœuré par tous ces beaux sentiments et je préférerais que le visiteur raconte ses désespoirs, cela le rapprocherait de moi. Ou tout simplement qu'il garde le silence.

Mais quand il arrive un répit, je commence à me demander pourquoi je suis là, et comment j'ai fait pour me donner cette souffrance. Car c'est bien moi qui me fais souffrir, surtout quand il s'agit de maladie.

Quand on est au creux de la souffrance la plus aiguë, il est difficile de l'accepter. Ce qu'on veut plutôt c'est en être délivré. Peut-être qu'il s'agit seulement de la vivre à fond. Peut-être que c'est cela l'accepter. Accepter qu'elle nous traverse de fond en comble. On ne dépasse que ce que l'on endure.

Peut-être que la leçon de la souffrance ne sera comprise qu'en en sortant.

Il y a un temps pour souffrir de nos excès et un autre pour apprendre les leçons que cette souffrance contient. Les deux ne sont pas obligatoirement simultanés.

Mais c'est quand on a compris pourquoi on a eu cette souffrance ou cette maladie que l'expérience devient un gain, un enrichissement.

La réincarnation

Certaines personnes me demandent si je crois à la réincarnation. Je réponds en blaguant que j'y crois certainement, mais que je ne serais pas prêt à mourir pour la défendre! En effet, c'est une théorie basée sur des faits, un peu comme la théorie de l'évolution, une théorie qui n'est pas essentielle à l'avancement spirituel, mais seulement fort utile pour comprendre le pourquoi des différences de conditions à la naissance.

En effet, on peut se demander pourquoi un tel est né génial, pourquoi l'autre est né imbécile? Et vous pouvez toujours me répondre, comme font les catholiques, que c'est la volonté de Dieu, point final. Alors, supposons un dieu de ce genre en train de décider du sort de chacun. Il se dira: Oui, celui-ci va naître infirme, cette autre j'aimerais qu'elle soit belle, cette autre très laide, celui-ci sera un génie et l'autre ce serait intéressant qu'il soit complètement dépourvu. C'est là ma volonté, mon bon plaisir. Cela fait de Dieu un tyran sans cœur, arbitraire et capricieux — une sorte de Caligula.

Les Orientaux (et du reste la majorité des humains sur terre) disent que l'homme seul est l'artisan de sa vie et de son état. Tel qu'il est, c'est ainsi qu'il s'est voulu, par tout ce qu'il a fait précédemment. Et si c'est dans son corps qu'il a offensé (la terre, les hommes, son propre corps), il devra revenir réparer, équilibrer et parfaire dans un corps physique.

Ce sont les séries d'actes qui précèdent qui sont les causes lointaines et prochaines de la situation présente. Tout se tient. Si l'on a persécuté, on est persécuté à son tour. Si l'on a été mesquin, la vie nous rend la pareille. Si on a aveuglé les autres, on peut revenir physiquement aveugle. C'est l'état d'esprit qui crée l'état physique. Toute déviation mentale, toute distorsion des sentiments va engendrer une situation physique qui lui correspond.

La réincarnation est reliée au concept de karma — l'action, la suite ininterrompue d'actes qui s'enchaînent de vie en vie aussi longtemps qu'on n'a pas compris qu'on était enchaîné, que l'attitude mauvaise produisait les situations mauvaises et que c'est l'attitude intérieure qu'il faut changer. On apprend ainsi que lorsqu'on marche sur les pieds de quelqu'un c'est toujours les nôtres qu'on écrase. Nous sommes tous responsables. Il n'y a pas d'innocents. Nous sommes tous liés les uns aux autres, et les autres sont un peu de nous-mêmes. On rencontre sans le savoir ceux qui nous ont connus dans d'autres vies.

Pas d'innocents. Pas plus les enfants que les autres. Car les enfants, ce sont les réincarnations d'êtres qui ont posé des actes antérieurs. Ils sont maintenant encore jeunes, ils ont un air innocent, mais en eux se trouve le résidu mental et émotif de leurs vies précédentes. La semence de ce qu'ils seront s'y trouve déjà.

On peut revenir pour quelques instants sur terre, pour simplement se réincarner dans un corps et connaître une situation physique. On peut aussi décider de se retirer aussitôt, ne sentant pas que la condition est la bonne. Il y a d'infinies nuances dans les façons de se réincarner, et il n'y a pas d'intervalles fixes entre les vies.

Mais jamais cela n'est considéré comme une récompense. Puisqu'il s'agit d'achever ce qui n'a pas été fait. Toujours cependant, cela est considéré comme un privilège. Car on nous permet de faire un autre bout de chemin dans l'évolution de la conscience.

La réincarnation ne nous permet pas de juger les autres: on ne sait pas d'où ils viennent, où ils vont ni à quel niveau ils sont dans leur aventure. Cela nous rend bien modestes. Un être peut nous paraître fort évolué. Mais c'est une vieille âme qui est venue très souvent. Elle a, comme Mozart, fait ses gammes avant de venir. C'est pourquoi son voyage tire à sa fin. D'autres n'apprennent pas leurs leçons très vite. Mais ils devront les apprendre. Et personne ne peut le faire pour eux. On est ici son propre juge et son propre bourreau.

C'est aussi nous-mêmes qui nous faisons avancer, en acceptant le fruit de nos actes. Tout ce que j'ai fait je ne puis le défaire: on ne *dé-sonne* pas une cloche. Mais en acceptant complètement ce qui m'échoue comme conséquence de mes actes passés, je puis me libérer de toute conséquence négative future. Je ne sème plus de mal. Ce que j'ai déjà semé je vais le récolter, cependant. Mais rien de négatif ne sera semé à nouveau. Je me libère.

La réincarnation n'est pas une fantaisie. Lisez Edgar Cayce, lisez Ian Stevenson (Vingt cas qui suggèrent la réincarnation), lisez Head & Cranston (La Réincarnation: encyclopédie), lisez le Dr Arthur Guirdham, lisez les Tibétains (Trungpa en particulier), lisez ceux qui ont publié des régressions réussies. Vous verrez que les cas les plus convainquants ont lieu chez des enfants d'environ 2 ans et demi qui décrivent en détail leur famille précédente, leur usine, leur village, donnant le nom de leur famille et de celui qui les a tués, et qui, amenés au village où ils ont vécu, reconnaissent tout, saluant par leur nom chacune de leurs connaissances. Dans le seul livre de Stevenson, il y a tellement de matière qu'il faut vraiment faire un effort pour rejeter d'un bloc des témoignages si nombreux et d'une telle qualité. Tout ces gens qui témoignent doivent être respectés autant qu'on respecte les témoignages d'une cour, où souvent un suspect est condamné sur les seuls dires d'un témoin!

Les chrétiens ne croient pas à la réincarnation. Mais c'est pour les mauvaises raisons: ils n'ont pas lu sur la question. S'ils veulent être sérieux qu'ils se renseignent avant de se prononcer.

Ressusciter

Les chrétiens disent qu'ils n'ont pas besoin de la réincarnation, puisqu'ils ont la résurrection. C'est confondre les pommes et les poires. La réincarnation est un phénomène d'ordre psychique alors que ressusciter est spirituel. La confusion vient du fait que les chrétiens voient la résurrection comme un phénomène charnel: la reprise d'un corps, de son corps à la fin des temps — mais comme on nous dit qu'il sera changé, neuf et tout beau, ce ne sera donc pas non plus le même corps.

Mais l'erreur est pour moi plus profonde. On croit reprendre son corps à la fin des temps parce qu'on valorise trop le corps et qu'on ne comprend pas qu'il est un véhicule projeté et créé par la conscience profonde en nous (le Cœur) et que lorsque son utilité a fait son temps, il ne fonctionne plus, la vie s'en retire. Un corps défunt, cela veut justement dire un corps qui est hors fonction, comme souvent ces machines à Coca cola et à cigarettes dans les corridors des institutions.

Si le corps n'est que la vibration la plus dense, la matérialisation de nos vibrations spirituelles, mentales et émotives, il n'est pas fait pour durer et il n'y a aucun avantage à le reprendre plus tard. Puisque cette étape terrestre est franchie dans un corps et l'étape suivante qui est moins matérielle, dans un corps subtil. C'est ce corps subtil qui se manifeste parfois dans les apparitions lors du décès d'un être cher.

Dans le cas de Jésus, c'est sans doute ce qui s'est produit. Le corps subtil (qui traverse murs et mers) fut interprété comme le corps physique lui-même revenu à la vie. Mais les dimensions subtiles en nous ne meurent pas, elles sont plus puissantes, lucides et énergiques que le physique. Elles peuvent donc se manifester, se matérialiser. Aussi, n'y a-t-il aucun avantage à retenir un corps lourd, douloureux et opaque, alors que le reste en nous est si léger, lumineux et agile.

La résurrection ce n'est pas le corps physique qui reprend vie, puisque la vie ne cesse jamais et qu'elle n'appartient justement pas au corps. Ce n'est pas le corps qui perd ou rend l'âme, c'est l'âme qui laisse tomber le corps, comme une danseuse qui se dévêt pour mieux s'envoler. Ressusciter se passe en dehors du corps, du temps et de l'espace. C'est une affaire du Cœur.

On ne détruit pas les ténèbres en luttant contre elles, mais en allumant la lumière.

On ne détruit pas le mal en luttant contre lui, mais en se tournant vers le bien.

On ne détruit pas la haine ou la peur en s'acharnant contre elles, mais en laissant monter la tendresse-amour.

C'est en allant vers l'est que l'on s'éloigne de l'ouest.

C'est en allant vers plus de vie qu'on dépasse la mort.

C'est en allant vers ce qui dure qu'on est libre de ce qui ne dure pas.

On est déjà la vie, la lumière et l'amour durables, il s'agit de les laisser s'exprimer, de ne pas s'y opposer, il ne s'agit même pas de vouloir les obtenir. Depuis notre enfance, surtout à cause de notre enfance, quelque part en nous, nous savons qui nous sommes. Nous savons que nous ne mourons pas, que nous n'avons pas commencé, nous savons que nous sommes conscience, que nous sommes le présent. Nous savons que rien d'essentiel et de fondamental en nous ne sera à jamais perdu. Nous avons au moins une fois connu la confiance complète dans la vie — pendant l'enfance.

Quand on est enfant on connaît le présent. Et c'est du présent dont on sort de plus en plus en devenant adulte. Le présent voit tout venir et tout partir, sans regret, sans désir. Le présent est éternel, il ne s'achève pas, il n'est pas à obtenir, il est la contemplation, la connaissance paisible, le regard pur et aimant derrière tout ce qui lui passe entre les mains. Il est le lit de la rivière qui voit couler les eaux, l'esprit qui voit passer le cortège des pensées. La paix qui voit défiler les armes. Je traverse le marché mais sans acheter dit un Soufi. Je suis comme la plage qui reçoit les secousses et les sanglots incessants de la mer. Tout finit par venir vers moi.

Le présent est la seule chose qui dure. Ressusciter, c'est vivre dans le présent, être au présent. C'est avoir quitté la mort du passé, avoir largué l'hier, le bon temps et la belle époque, qui sont des objets de musée, des marchés aux puces, des personnages de rêve. C'est vivre léger, purifié, simplifié, transparent comme la lumière. Alors il n'y a plus de mort, avant ou après. C'est voir son passé avec humour et légèreté, sans tragédie, sans peine. Pourquoi serais-je triste d'avoir perdu tout cela? Je ne l'ai pas perdu en réalité. C'est toujours en moi — j'en ai gardé le meilleur, comme les essences de fleurs avec lesquelles on fait un parfum. Ce qui dure, c'est le parfum. L'odeur d'un seul œillet peut contenir toute une vie de peine et de bonheur.

Le chemin du retour

Le chemin du retour passe par l'éloignement. Le chemin du retour passe par des détours.

On rentre chez soi, on revient à la maison, à la paix de son Cœur, dans cet espace où il n'y a ni peur ni condamnation, après avoir traversé toutes sortes de blocages, de déviations, d'oppositions, de refus et de refoulements, qui sont justement dus à la peur, à l'absence de confiance, au manque d'amour de soi. On empile les erreurs et les fautes, on souffre beaucoup avant de comprendre.

Ceux qui ont beaucoup souffert comprennent. Ceux qui ont beaucoup souffert cessent de juger. C'est-à-dire que ceux qui ont beaucoup souffert sont capables d'aimer.

Comme chacun, j'ai traversé une vie semée de déceptions sur le plan de l'affectivité — pas aimé, pas compris, pas félicité ni «reconnu», en guerre avec l'autorité dont j'avais peur sous toutes ses formes — pour apprendre beaucoup plus tard que toutes ces situations, je les avais choisies pour connaître par le négatif ce que c'est qu'aimer. Apprendre l'amour en apprenant ce qui ne l'est pas. On découvre la lumière par les ténèbres. On *tombe* en amour souvent et longtemps avant d'apprendre à *monter* en amour.

J'ai traversé une vie semée de refus, d'entêtements, de prétentions, d'illusions sur moi-même, de croyance en ma supériorité, de mépris des autres, de refoulements d'émotions durcies, comme, à la fin de l'hiver, les couches de neiges piétinées. Je me suis persécuté secrètement. Je ne me croyais jamais assez bon, assez efficace, assez homme, assez parfait, en somme. Comme on est habile à se faire souffrir! Il y avait toujours quelque chose qui clochait, je n'étais jamais arrivé. Mais surtout, je n'acceptais pas d'être ainsi. Je m'en voulais de n'être que moi. Je me voyais toujours un peu raté à quelque niveau. Je fumais et m'en voulais, je buvais et m'en voulais, je sortais et m'en voulais.

Chez les Jésuites où j'ai passé 34 ans de ma vie, j'ai appris de grandes leçons. Une des plus importantes fut celle-ci: quand on refoule ses émotions on devient incapable d'aimer. Je me voyais entouré de religieux qui n'avaient pas le droit d'exprimer leurs émotions, de pleurer, surtout de toucher (il y avait une règle jésuite, la règle 32, qui défendait de toucher quiconque). Bien sûr qu'en cachette, beaucoup s'en moquaient ou la contournaient, cette règle maudite. Mais en faisant cela, ils s'entraînaient dans une série de faux-fuyants, de mensonges et de culpabilités.

J'ai appris cette leçon qu'en se barricadant, en s'entourant d'armures, en étouffant ses émotions derrière des façades de maîtrise, d'équilibre et de bonnes manières, on devient incapable de vraiment communiquer. *En se rendant intouchable on est incapable de toucher.* En refoulant ses émotions, on ne peut les exprimer. Les Gnostiques* du début de l'ère chrétienne le disaient déjà: «Les émotions que vous refoulez vous empoisonnent, les émotions que vous exprimez vous libèrent.»

J'ai donc vécu dans une prison émotive. Bien sûr que je l'avais connue depuis ma tendre enfance, mais elle s'intensifiait avec les exigences affectives. Mes parents ne s'exprimaient guère, ils ne s'embrassaient pas, ils n'embrassaient pas leurs enfants et les enfants ne s'embrassaient pas non plus (sauf le Jour de l'An, quand c'était inévitable). On ne nous encourageait pas à nous dire, à exprimer nos mécontentements, nos opinions, nos

---

* Secte du début du christianisme.

refus, nos déceptions. On restait gelés et paralysés, les émotions au congélateur.

On s'éloignait du cœur alors qu'on prétendait ou croyait le «conserver» comme on disait — mais comme un steak au froid.

On ne peut se donner en se refusant. J'ai beaucoup souffert de mes armures qui sous prétexte qu'elles me rendaient invulnérable, me rendaient en fait incapable d'aimer, de m'ouvrir, de me donner. Le poing fermé empêche de recevoir parce qu'il empêche de donner: il offense, attaque et détruit. Alors que la paume ouverte permet de recevoir parce qu'elle permet de donner. Mais il semble qu'il faut avoir fermé le poing pour apprendre à l'ouvrir de nouveau.

J'ai appris combien il était difficile de rester vulnérable. Mais aussi, que cela seul permettait d'aimer.

La voie du retour, c'est la voie du pardon. Se pardonner soi-même du début à la fin, cesser de s'en vouloir, s'accepter tel quel, être content d'être ce qu'on est, cesser enfin de se mentir. J'ai donc dû faire de longs et pénibles détours avant de revenir à moi. J'ai dû être longtemps dépaysé avant de retrouver mon centre, mon cœur, mon être, le sens de ma vie. Le fils prodigue de l'évangile c'est ce qui en nous doit connaître l'illusion, la déviation, le mensonge et la peine afin de retrouver le chemin du retour. Mais ce qu'on met du temps à comprendre, c'est que cela même qui nous écarte nous ramène justement.

La blessure est une porte à deux battants: elle ouvre sur les autres mais elle ouvre aussi sur soi-même. Car ce qui nous ouvre à nous-mêmes nous ouvre aux autres, et réciproquement. Le chemin vers autrui, c'est nous-mêmes, notre vécu, nos erreurs, nos fautes, notre mal. Et le chemin vers soi, le chemin qui permet aux autres d'atteindre notre cœur, c'est encore et toujours le même. Les poumons, à l'image de la vie, sont une porte battante: c'est en laissant entrer qu'ils laissent sortir.

La confiance

La peur mène vers la mort. La confiance c'est toute la vie.

Quand on a peur, on se voit comme mortel, on pense qu'on est fait pour mourir. Mais quand on n'a plus peur, on sait qu'on ne peut mourir. C'est alors le Cœur qui l'emporte en nous, ce n'est plus la tête qui mène (toujours gorgée d'émotions).

On a peur de la mort aussi longtemps que le Cœur n'est pas éveillé.

La tête (le mental/rationnel: *mind* en anglais) crée la peur. Elle crée le soupçon, le doute, la méfiance, le besoin de prouver. Tout le domaine de l'au-delà étant sans preuves réelles, ouvert aux choses menaçantes, aux doutes, aux soupçons, c'est pourquoi on en a peur. C'est l'inconnu, le vide, l'infini. Le Cœur, lui, c'est l'espace en nous où se trouvent la confiance de base, la confiance dans la vie, la tolérance totale, et dans le fait qu'on ne peut mourir, dans la bonté qu'il y a au fond des êtres. La confiance de l'enfant qui ne meurt jamais en nous.

Le mental ne voit que les apparences car il est tourné vers l'extérieur. Aussi n'a-t-il pas confiance. Il doute, critique, analyse. *Il cherche des preuves*. Alors que le Cœur voit au-delà des apparences. Puisqu'il est lui-même au-delà.

La confiance, c'est voir au-delà des apparences. Le pardon, c'est également voir plus loin que les apparences. C'est le Cœur qui pardonne alors que la tête condamne — elle ne juge que sur l'extérieur et les analyses. C'est le Cœur qui voit le oui derrière le non des apparences, qui voit la bonté, la grandeur, le positif derrière tout, alors que la tête, elle, reste dans les méfiances de l'analyse, du prétendu et prétentieux «esprit scientifique» qui n'accepte que ce qui est prouvable. La tête vit dans le non.

Le doute c'est un instrument à double tranchant. Il y a un doute qui est destructeur et un autre qui est créateur. Le premier s'exprime de cette façon-ci: «Ce que tu dis me dérange — ça ne peut donc pas être vrai.» L'autre façon de douter est positive. Ça s'exprime par la phrase: «N'y aurait-il pas d'autres aspects, d'autres faits, d'autres possibilités qu'on aurait pu oublier?»

Pour être «scientifique» il faut un doute positif. Très souvent, certainement trop souvent, sinon la plupart du temps, les savants entretiennent le doute négatif: ils craignent que leur système ne soit remis en doute. Ils ont des œillères comme tout le monde, et ils ne veulent pas entendre ce qui les obligerait à changer d'habitude, de vision, de perception — à perdre l'illusion. Ils ne veulent pas vraiment connaître, et tout d'abord parce qu'ils ne veulent pas reconnaître. Ils sont fixés dans une croyance.

Bien sûr que les savants ne sont pas seuls ainsi, qu'il y a en fait très peu de gens dans l'ensemble qui agissent autrement. Mais eux du moins croient qu'ils sont objectifs et donc qu'ils n'agissent pas ainsi.

Le doute créateur, c'est l'esprit ouvert aux possibilités: il croit toujours qu'il y a plus à regarder que ce qui apparaît, il croit aux mystères cachés, aux secrets voilés, il sait que la raison barricadée derrière ses préjugés d'émotion et d'habitude, ne pourra jamais connaître toutes choses. Jésus le disait bien: «l'Esprit que je vous enverrai vous enseignera toutes choses.» Toutes choses, c'est bien plus que ce que la raison, la tête, ne peut à elle seule comprendre ou deviner.

Et il ne faudrait pas croire que le doute est une chose anodine, sans conséquences. On sait que les sourciers (employés autant par les Américains que les Russes) sont *incapables* de détecter les courants souterrains quand il y a autour d'eux des gens qui n'y croient pas. Même chose pour certaines performances de PK (psychokinésie: action de bouger des objets à distance). Nina Kulagina, la célèbre femme russe qui sépare le blanc du jaune d'œuf simplement par la concentration de la pensée, et qui peut les rassembler de la même façon, affirme que le processus prend 5 minutes quand les témoins sont positifs, mais 5 heures quand ils ne le sont pas. Jésus a connu la même impuissance: dans un village où il est allé, on dit qu'il n'a pu faire de miracles, car dit le texte, les gens ne croyaient pas. Ne pas faire confiance, douter, sont des actions négatives, des émissions d'énergie puissante composée à la fois de pensées et d'émotions. C'est comme un laser. Celui qui est positif permet à la chose, à l'action, à l'événement de se produire, alors que celui qui est négatif, l'empêche d'arriver et par le fait même, il se dit qu'il avait raison de ne pas y croire.

Bien sûr qu'il avait raison puisque ne pas croire, douter, refuser l'assentiment avant qu'un fait ne se produise, c'est l'empêcher de se manifester, c'est couper l'eau à la source et ainsi confirmer la prophétie de malheur.

Le Cœur, c'est le oui qui dès le début de la vie, dès avant la naissance, avant même d'entrer dans un corps, acquiesce, consent, accepte. Le oui de l'univers, l'*amen* de l'enfance avant l'arrivée de la raison. C'est ce qui crée des liens entre toutes choses, comme le cœur de chair qui relie tous les organes du corps par le flot du sang, par cette liaison liquide de vie.

C'est le Cœur qui en nous, dans l'univers, entre les êtres, crée des rapports, rassemble les éléments dispersés, raccorde les conflits, guérit les blessures, pardonne les affronts et les fautes impardonnables. Le Cœur met un baume sur les déchirures. Il met un oui sur les non de nos vies. Il dépasse les non, les embrasse dans un grand oui. C'est ce qui se passe lorsque l'alcoolique dans un geste radical change le signe négatif de sa vie en un signe positif. Il rattrape tout son passé, le résorbe, l'exorcise, l'aime.

Pardonner, c'est justement ça. C'est la bonté qui embrasse le mal. C'est le Cœur qui dépasse la tête. La compréhension qui enraye le jugement. Il noie la tête dans la bonté humide. C'est la compassion pour les êtres par le dedans au lieu de les juger par le dehors. Ce qui se tient en dehors ne fait que critiquer, juger et condamner. Il lui manque d'avoir assez souffert pour rentrer à l'intérieur et comprendre les autres du dedans.

La tête juge, c'est pourquoi elle ne peut aimer. Le Cœur aime c'est pourquoi il ne peut juger. La tête se tient en dehors, elle n'entre pas à l'intérieur des êtres, elle les regarde de haut, les condamne, les méprise, les catégorise confortablement. Notre tête agit ainsi vis-à-vis des autres parce qu'elle le fait vis-à-vis de nous-mêmes, lorsque nous condamnons ce que nous sommes, lorsque nous ne voulons pas nous pardonner, nous reconnaître, nous accepter. Lorsque nous refusons qui nous sommes et refusons de nous regarder en face. Lorsque nous mentons, c'est la tête qui mène. C'est elle qu'on évoque quand on fait appel à un Dieu qui juge. Jamais le divin ne juge, puisque c'est l'amour sans condition. C'est la tête qui invente un dieu pareil, un dieu de peur. C'est elle qui crée les ennemis, comme c'est elle qui les fait brûler et massacrer «au nom de Dieu». Un dieu qui sauve de l'extérieur, un dieu projeté à l'extérieur est toujours un dieu créé par la tête. Comme la tête se voit au-dessus de tout, capable de tout juger, contrôler et condamner, le dieu qu'elle se crée fait la même chose.

Le divin vécu par le Cœur est sans jugement, sans reproche, sans condamnation. Lui seul sauve car il n'est pas à l'extérieur. Ce qui est extérieur, disperse, soumet et divise. Le Cœur est la confiance totale, l'abandon entier, la tendresse complète, l'union entre les choses dispersées. Il n'est pas au-dessus, il est humble, il est à l'intérieur. C'est pourquoi il est en nous ce qui nous «sauve». Il nous libère de toutes les soumissions aux forces extérieures, de toutes les dispersions et divisions qui ne sont que dans la peur. Il est le seul à savoir où vont nos vies car il en est le moteur, la semence, il est la source de toutes nos possibilités, l'unificateur. Tous ceux qui veulent nous sauver de l'extérieur ne peuvent que nous manipuler. Ils ne sont pas inspirés par le Cœur mais par la tête. Ils souffrent d'un manque — du manque de confiance en eux-mêmes, du manque d'amour et d'acceptation d'eux-mêmes. Ils sont eux-mêmes divisés, en guerre civile avec eux-mêmes. C'est pourquoi, ils ont besoin qu'on leur obéisse, pour ainsi les valoriser. Ils ont besoin qu'on leur soit soumis, qu'on reste infantile à leur égard, afin qu'ils puissent créer le socle qui établit leur puissance, leur supériorité — leur valeur. Ils sont le vrai Moloch: ils se nourrissent d'enfants.

Le dieu extérieur est toujours un destructeur, un manipulateur, un dominateur. Il entretient l'enfant en nous. Il ne fait jamais mûrir et grandir, car ce serait la fin de son règne. Le dieu extérieur est à l'image de la tête, qui se tient en dehors de tout. C'est un dieu inspiré par la peur, par conséquent, un dieu qui inspire la peur.

Le Cœur, la confiance profonde, la tendresse sans jugement et sans peur nous sauvent de toute peur, de tout jugement. C'est lui qui rend adulte, car par le Cœur, on sait qu'on n'est soumis à rien ni personne dans le monde, qu'on n'est supérieur ni inférieur à personne, qu'on est la vie, la conscience, l'esprit, l'amour, qu'on peut rassembler tous les êtres en leur faisant confiance, en éveillant leur propre Cœur, en rayonnant notre propre unité. La tête nous fait perdre le Cœur, alors que le Cœur nous remet la tête à sa place: au service du Cœur.

On sait qu'il n'y a pas d'humains au-dessus de nous, que cette idée d'hommes supérieurs aux autres et ayant le droit de dominer est un cinéma entretenu dans la tête des individus et dans les groupes de puissance. Par le Coeur qui mène de l'intérieur on est enfin libre d'être soi-même, car on a perdu la peur de soi, des autres, la peur de mourir, c'est-à-dire de vivre complètement. Le Cœur nous rend à nous-mêmes. Il nous ramène après tant de divisions, vers notre unité. C'est cela être sauvé. Le mental nous perd, mais l'amour nous sauve.

Rassemblez-vous en vous-mêmes. Cessez d'être en guerre avec vous-mêmes et vous ne serez soumis à personne: aucune force extérieure ne va vous soumettre ou vous diviser. Car la force ne sera justement plus extérieure mais en vous.

Le pardon

Le suicide réel ce n'est pas tout d'abord se donner la mort physique, c'est se rendre coupable, entretenir le remords, c'est se condamner. Car celui qui ne se pardonne pas est fermé à la vie. C'est peut-être cela le péché qu'on appelait péché contre l'Esprit. C'est ce qui en nous refuse de croire au pardon, à la bonté, c'est ce qui tue la confiance, l'ouverture à une autre possibilité. Et quand on ne se pardonne pas, on devient intouchable, impénétrable, pétrifié. On cale au fond comme une pierre.

Il ne suffit pas d'aller voir le curé pour en obtenir l'absolution. Car si j'en sors en me sentant encore coupable, en m'en voulant mortellement, il n'y a rien de changé, on ajoute seulement l'illusion de se croire lavé. C'est nous-mêmes seuls qui pouvons nous absoudre et personne ne peut prendre en main notre vie.

Il y a en nous une capacité de nous comprendre sans nous juger. Enfants, nous étions ainsi: pas d'intellect analytique qui nous coupe de la vie, qui se faufile entre nous et la nature, entre nous et nos actes, mais une continuité sans coupure. On était entiers, directs et unis à l'univers comme l'oxygène fait un avec notre corps, comme le poisson avec l'eau. Cette capacité de nous aimer au-delà de l'analyse et de la critique, de nous aimer sans juger, sans condamner, ne se perd jamais, puisque tout ce qui a été vécu demeure enregistré en nous, et davantage à mesure qu'on se rapproche de la naissance et de la conception.

Justement, il y a une présence en nous qui est à la fois maternelle et paternelle. C'est ce qui s'appelle le Cœur. Cela précède tout en nous. C'est la *matrice* (mère) et le *pattern* (père) initial, la semence du grand arbre qu'on est appelé à devenir. Cette double dimension n'est évidemment pas affaire de sexe: ce sont des forces créatrices de source, *la racine de toutes nos possibilités* qui est à la fois compatissante et énergisante, consolante et dynamique.

Il y a la mère en nous. La divine capacité de nous pardonner, de dépasser ce qu'on voit comme inacceptable ou inadmissible, comme une tare ou un traumatisme impossible à regarder en face. (Comme dans une maison à chambres multiples, celles qu'on n'ose pas regarder comme celles où Barbe-Bleue cachait ses cadavres et ses remords.) Il y a des chambres en nous qu'on refuse d'ouvrir, de regarder, même de reconnaître, tellement ça pue, ça répugne, ça fait mal. Les viols et les rejets d'enfance, les abandons, les meurtrissures corporelles, les incestes, la toile d'araignée d'une mère poule ou d'un père coq, tout ce qu'il vaut mieux oublier et qu'on s'est rendu incapable de se rappeler parce que ça faisait trop mal. On encore, tout ce qu'on ne veut pas oublier parce qu'en gardant en mémoire le visage du violeur, on le punit, on le brûle au fer rouge de sa haine, on en prolonge la vengeance.

Eh bien, oui, il y a la compréhension maternelle, le Cœur qui embrasse les blessures et les déchéances, qui accueille sans restriction et sans jugement, qui dit «je te pardonne», «je t'aime comme tu es», «je suis content de toi», «ce que tu as mal fait t'a servi de leçon», «tu n'as pas à gagner mon approbation ou mon amour», «je t'aime sans condition». (Il est très bon de répéter cela à soi-même chaque soir, en se nommant soi-même. «Placide Gaboury, je suis content d'être toi, je te pardonne, etc.»)

Ce n'est pas le petit moi peureux, méfiant et analytique qui sait pardonner. Il ne sait que critiquer, refuser et comparer. Il se tient toujours en dehors. Et c'est cela son malheur. Il reste en dehors de tout, et croit par conséquent que tout est en dehors de lui, qu'il est séparé de tout et que pour rentrer en tout, il doit se l'approprier, l'obtenir de force, l'assujettir ou le consommer. Il se voit en état de séparation complète par rapport à sa source. Il ne reconnaît pas le Cœur. Il ne sait pas pardonner. Il reste dans la conscience du mal, des oppositions, des conflits insolubles, des intransigeances.

Le Cœur en ce qu'il est maternel n'est pas séparable de l'aspect paternel. Si la mère en nous est ce qui comprend, console et pardonne, le père c'est le Cœur en tant que source dynamique d'envol, de créativité, de poursuite, d'aventure, d'audace. C'est ce qui pousse à s'abandonner dans l'action, à sortir de soi, à toujours avancer. C'est l'appel à l'infini, au don complet, au saut dans le vide. La mère, c'est l'avion transportant dans son sein protecteur les parachutistes; le père, c'est ce qui les fait sauter.

Quand j'avais 7 ans, nous partions un bon soir du Jour de l'An pour dîner chez mes grands-parents. Le ciel était grouillant d'étoiles frétillantes qui, à cause d'un horizon très bas (nous étions dans les plaines du Manitoba), donnaient l'impression qu'il n'y avait que du ciel, que des étoiles. Car la campagne était sans lumières (l'électricité allait venir quelque 15 ans plus tard). J'étais emmitouflé dans les fourrures de ma mère, tourné vers le ciel, qui m'attirait, m'appelait et me séduisait. Je voulais m'y engloutir, à la fois protégé par ma mère et appelé par le père du ciel. Cette expérience m'est toujours restée. Elle m'a marqué.

Le père en nous c'est ce qui fait sortir le fils. «Le père a envoyé son fils dans le monde». «Le fils dit à son père: donne-moi la part de bien qui me revient, et il partit.» Le fils prodigue, le fils de l'homme, c'est le même. (C'est aussi le fils de Dieu, c'est-à-dire, le divin.) C'est l'aspect qui en nous est poussé à chercher le but de la vie, qui accumule expériences et leçons parmi toutes sortes d'épreuves, de difficultés, d'essais et d'erreurs. C'est ce qui fait sauter le coureur dans la course à obstacles, ce qui le fait sauter plus haut que l'obstacle, ce qui le fait avancer non pas malgré l'obstacle mais grâce à lui. C'est le courage d'être et de faire une somme positive avec tous ces chiffres négatifs accumulés.

C'est l'histoire des détours permis par le père qui, à travers nos essais et erreurs apprend dans une chair humaine comment entrer en contact avec toutes choses, comment devenir toutes choses terrestres, comment communiquer avec tout en ce monde. C'est-à-dire, comment spiritualiser la matière, qui en elle-même est épaisse, isolante et opaque. L'esprit en nous, avant de prendre corps, est communicatif, il est essentiellement en communication, sans barrière, sans obstacle. Mais en prenant corps il se trouve enfermé, emprisonné et s'il refoule les émotions, il s'enferme à double tour, il devient une espèce d'autiste. La voie du retour est dans le sens inverse: aller vers de plus en plus de communications et d'échanges.

Aucune aventure ou expérience n'est exclue pour y arriver. Il n'y a pas de préjugé chez nos parents intérieurs: le père pousse à tout expérimenter car tout contient leçons et apprentissages, tout peut servir à avancer, tout est un mal pour un bien. On ne traverse pas le mal par accident — c'est qu'on avait à y apprendre quelque chose d'essentiel pour avancer. C'est l'histoire de l'alcoolique. Il descend jusqu'au fond de son refus, de son rejet de lui-même, il touche le fond de sa dégradation et pour l'oublier, pour n'avoir pas à la regarder, il boit davantage. Jusqu'au jour où il est acculé au mur. Un verre le sépare de la mort. À ce moment-là, s'il dit: «oui je suis un alcoolique, oui j'ai fait ça, oui voilà ma vie», il commence la rentrée, il entend le rappel de la mère, du pardon, et du père — du saut dans le vide. Comme l'enfant prodigue qui parmi les grognements de ses porcs a entendu la voix intérieure qui le ramènerait chez lui, vers son Cœur, sa Racine, vers la Source de sa vie.

Le divin en nous fait faire tous les chemins, car il sait qu'on ne peut que revenir vers lui. Il n'y a pas de perdition irrémissible. Il y a toujours un autre palier, un autre moment où le retour sera possible. Le divin fait faire le voyage du retour à travers les essais et erreurs et en même temps il fait comprendre qu'on n'est jamais rejeté même lorsqu'on descend dans la porcherie de son cœur.

Chercher des parents

Enfant, on cherche naturellement la mère, on ne peut se passer d'elle, elle est notre sécurité, notre valorisation, notre nourriture. Mais bien sûr qu'à mesure qu'on vieillit, on cherchera naturellement à quitter le giron de maman, son sein, son approbation, sa vigilance. On vit sa vie, on fait ses expériences, on quitte le nid.

Pas si vite. On cherche encore le nid. Car les parents, comme tout ce qui est extérieur, sont les symboles de l'intérieur, et aussi longtemps qu'on n'a pas découvert ses vrais parents, qui sont le centre de notre être, de notre Cœur, on les cherche toujours à l'extérieur. Aussi longtemps qu'on ne s'est pas pardonné soi-même (la Mère), qu'on n'a pas accepté de prendre sa vie en main et de plonger (le Père), on se cherche des parents partout, des approbateurs, des béquilles, des nourriciers.

Souvent, sinon la plupart du temps, les amants cherchent dans leur partenaire une mère ou un père qui leur manque. Ils cherchent à être aimés et approuvés et soutenus, ils veulent que quelqu'un d'autre assume leur vie. Les malades font la même chose vis-à-vis des médecins, qui deviennent leurs parents. Même chose quant au gouvernement: nous cherchons quelqu'un qui va prendre en main nos responsabilités et nous nourrir. En éducation, on cherche encore le parent. Et en religion, surtout, combien cherchent un groupe, un gourou, une Église qui puissent prolonger leur sécurité infantile.

Mais il faut dire que cela marche dans les deux sens. Les médecins cherchent à rendre leurs clients dépendants d'eux — comme bon nombre de psychiatres qui prolongent les traitements. Ces gens font l'inverse de ce que recommandait le docteur Schweitzer: «tous les humains ont en eux un médecin; ils viennent voir les médecins officiels parce qu'ils ne le savent pas; mais le rôle des médecins c'est de leur apprendre».

Le clergé — comme tous les autres clergés du reste — tente de maintenir les ouailles dans la dépendance, car ils conçoivent leur Église comme une hiérarchie dont le sommet est plus près de Dieu que la base, et tous ceux qui sont en-dessous du chef sont ses dépendants, surtout s'ils sont des femmes. (Je l'ai vécu pendant une bonne partie de ma vie où j'étais moi-même un curé qui dominait. J'ai longtemps cru que je pouvais mentir à moi-même sans mentir aux autres.) Il faut reconnaître que peu de membres du clergé agissent comme des libérateurs, comme des gens qui souhaitent que leurs ouailles deviennent pleinement autonomes et créateurs et démocratiques, c'est-à-dire libres des curés.

On n'accepte pas les critiques dans l'Église. Les Peyrefitte, les Küng et les Trollop (qui écrivit sur le meurtre de Jean-Paul I par les financiers du Vatican) sont persécutés, ignorés ou empêchés de parler. Semblablement, les éducateurs se voient comme des possesseurs de vérité et leurs élèves comme des sous-produits qui ne savent rien. Ils ne favorisent pas l'autonomie ni le feed-back d'«en bas» qui ferait croître l'éduquant autant que l'éduqué. Car nous sommes tous éducables, et cela n'arrête pas aussi longtemps qu'on vit. Il faut dire aussi que ce qui empêche les éducateurs de se maintenir ouverts, en croissance et en état d'apprentissage, c'est qu'ils conçoivent leur rôle comme celui d'un fonctionnaire: ils font du 9 à 5 et ne leur demandez pas de pratiquer les attributs du professionalisme — dévouement, ouverture continuelle à d'autres possibilités, attitude de croissance, compassion. Non. Ils se servent du système pour remplir leur poches — et vider leur cœur. Qu'on se rappelle *Le Déclin de l'empire américain*: les intellectuels n'ont pas éduqué leur cœur, leur corps ni leurs émotions. Ils demeurent de grands *bébés* parce qu'ils ne sont pas unifiés et que leur tête est complètement coupée de leurs entrailles.

La croissance d'un être, de chacun de nous, suit les mêmes lois. On ne peut croître si on empêche l'autre de croître. La croissance se fait toujours à deux: moi et l'autre, moi et les autres. Toute relation humaine implique un donneur et un receveur, qui s'échangent leur rôle. Ce que je me fais je le fais à l'autre. Si je n'aime pas qui je suis ou ce que j'ai fait, si je ne suis pas honnête avec moi et ne m'accepte pas *tel* que je suis de a à z, j'agirai pareillement dans mes rapports avec autrui. Je transmettrai ce que je vis; je rayonnerai ce que je suis.

Or, une des lois de la croissance chez les humains, c'est que l'on ne peut dominer ni posséder personne. Et que c'est parce qu'il en est ainsi que chacun doit agir dans le sens inverse s'il veut lui-même évoluer, grandir, se libérer. La mère-poule, qu'elle soit une Église, un système d'éducation ou un corps médical — ou les individus qui composent ces ensembles — la mère-poule, en empêchant son enfant de croître, s'empêche elle-même d'évoluer. Comme Jésus disait qu'il faillait aimer les autres *comme soi-même*, ainsi pourrait-on dire que l'on doit faire croître les autres comme on se fait croître, que l'on doit rendre les autres autonomes, créateurs, responsables, *en se rendant ainsi soi-même*. Car c'est en le faisant sur soi et pour soi qu'on le fera pour autrui, pas autrement.

En voulant dominer les êtres, en les retenant sous nos jupes d'Église, de laboratoire, de mère de famille ou de gourou, on se prépare à souffrir, puisqu'on offense la loi de croissance qui veut que tous les êtres atteignent l'épanouissement comme la semence s'élance et se répand dans l'arbre. Car on n'offense pas impunément les lois de son être.

Chacun de nous est inviolable, autonome, libre, créateur et unique dans son être de fond. Personne sur terre n'est au-dessus de moi. Personne non plus n'est en-dessous. C'est pourquoi nous ne pouvons soumettre notre vie ou notre être à quiconque et que chercher à être dominé constitue la même erreur que vouloir dominer: c'est refuser de se prendre en main, c'est empêcher l'autre de se prendre lui aussi en main et d'avancer selon son propre rythme.

En fait, la vie dans l'Esprit commence le jour où on ne cherche plus des parents en dehors de soi. On est devenu adulte soi-même, on s'aime et s'accepte pleinement, on a fait l'harmonie, l'unité en soi, on s'est pardonné. De sorte qu'on n'est plus dans une attitude de dépendance vis-à-vis des autres. Ce n'est pas eux qui nous valorisent, c'est nous-mêmes. Ce n'est pas eux qui nous rendent heureux mais nous. (Être dépendant ou dominant des autres, c'est vivre divisé. C'est parce qu'on est divisé en soi-même et en lutte avec ce qu'on vit qu'on est divisé d'avec les autres.)

On découvre que les vrais parents, dont les parents visibles n'étaient que le symbole, sont à l'intérieur de soi, à la source de notre être, dans notre Cœur. C'est le lieu de l'autonomie, de l'écoute intérieure, de l'abandon, de la fidélité à soi.

J'ai passé des années — jusqu'à l'âge de quarante ans au moins — avant de comprendre qu'aussi longtemps que je n'aurais pas confiance en ces parents intérieurs, c'est-à-dire aussi longtemps que mon autorité me serait extérieure, dans les parents et les figures imposantes de ma vie, je ne serais jamais moi-même, mais à la remorque d'autrui, des opinions extérieures, des modes courantes et des clichés de mass-média. Et aussi longtemps que je n'aurais pas accepté, reconnu et développé cette autorité intérieure, j'aurais toujours peur des autorités civiles, religieuses ou autres. Car la peur étant l'absence de l'amour, avoir peur rend toujours agressif.

Les parents sont donc là pour qu'on finisse par s'en passer, comme les curés, les éducateurs et les médecins. Et ceux qui en autorité ne jouent pas comme il faut leur rôle de sages-femmes retardent leur propre naissance, font souffrir et maintiennent la société à l'état infantile — le «haut» comme le «bas». Car ni l'un ni l'autre n'existent. Et c'est la croyance qu'ils existent qui fait pratiquer la domination, la volonté de posséder les autres et de les maintenir dépendants.

En comprenant que chacun de nous est unique au monde et dépendant de personne dans son Cœur, on suivra de plus en plus cette loi qui, comme toute loi de Vie, est faite pour faire évoluer les êtres depuis la semence jusqu'à l'arbre.

La libération sexuelle

On pense généralement que la libération sexuelle a commencé dans les années 60 et qu'avant ça, c'était l'ère victorienne et janséniste, la peur et l'hypocrisie. Mais il ne faudrait pas croire que la peur du sexe est chose du passé.

La libération sexuelle ne veut pas dire avoir autant de sexe que l'on veut, comme l'on veut et avec qui l'on veut — «comme ça me plaît». Eh bien, non. Ce n'est pas en ayant autant d'expériences sexuelles qu'on a toujours rêvé d'avoir, qu'on devient une personne affranchie sexuellement. Être libéré sexuellement, ce n'est pas, selon moi, être affranchi des tabous qui empêchent la débandade sexuelle, être libéré sexuellement, c'est n'avoir plus de culpabilité.

On peut se croire libéré, et «s'envoyer en l'air» comme on dit. Pour se défouler, pour montrer ce qu'on vaut, mais aussi pour se prouver qu'on n'a pas peur. Enfin, on peut s'adonner à la partouse parce que profondément, on s'en veut. Car c'est connu, les alcooliques boivent parce qu'ils s'en veulent. Ainsi font les mangeurs excessifs ou même les travailleurs excessifs qui s'en veulent de ne pas être les meilleurs et les plus riches. On peut avoir des allures libérées et être profondément frustré. On s'en donne plus pour se venger, même pour se punir.

Alors que pour se libérer, il faut se comprendre, se pardonner, s'aimer. Cesser de se punir. Quand on a accepté d'avoir un sexe, de s'y sentir bien, de refuser toute forme de culpabilité et de remords à son sujet, on commence à se libérer. Le jour où on n'est plus obsédé par le sexe parce qu'on l'a intégré comme une chose allant de soi, sans drame, sans peur et sans reproche, on est libéré. On n'a plus alors le besoin de se prouver quoique ce soit, qu'on est grand performant, irrésistible ou encore femme fatale.

On est libéré sexuellement quand on est libre d'en avoir ou pas, qu'on n'est plus esclave de ses poussées sexuelles, sans pour autant se sentir forcé d'être chaste. On a compris que c'était un jeu spontané, détendu, sans ambition, comme une danse. L'absence de culpabilité rend à la sexualité sa fraîcheur et sa spontanéité. Elle redevient une expression réelle mais non primordiale de l'amour. Elle est un élément de fusion, au même titre que les émotions, l'affinité des idées ou des goûts. Mais elle a justement cessé d'être absolue, obligatoire et obsessive.

Depuis que le sexe est relié au défendu comme dans notre civilisation dite avancée, il y a des maladies transmises sexuellement. La syphilis, la gonorrhée et plus récemment la chlamidia et le sida ont donné l'impression aux Occidentaux que Dieu punissait ceux qui pratiquaient le sexe. Les maladies vénériennes (de Vénus, déesse du plaisir) démontraient à qui voulait le voir que Dieu n'aimait pas le sexe, qu'il ne le permettait que pour avoir des enfants, mais que le plaisir était contre sa loi et qu'on ne pouvait en même temps aller vers Dieu et vers la couchette. C'était deux pôles absolument opposés, Dieu étant du côté de la chasteté, et le diable du côté de la pratique sexuelle. (Dans l'Église actuelle, le statut «chaste» du clergé indique que ces idées ne sont pas encore dépassées.)

Croire qu'on est puni par Dieu, que ce soit dans le sexe ou dans toute autre sphère d'activité (au Québec, l'argent avait cette même couleur), est une fabrication de ceux qui se servent de Dieu pour dominer les autres, pour consolider leur empire en créant des assujettis, qu'ils manipulent par la peur et la menace. Croire que Dieu nous punit, c'est la pire maladie. C'est la même chose que de ne pas s'aimer.

Mais le divin n'est pas dans la peur, car la peur exclut l'amour. Le divin n'est pas menacé par rien ni personne parce que justement il n'a pas de peur. Et parce qu'il ne se sent aucunement menacé, il n'a jamais personne à punir, à écraser, contre qui se venger. Le divin n'a pas d'ennemi.

La damnation éternelle et le plaisir de voir souffrir à jamais sont des fabrications de théologiens féconds tels Scheeben au 19e siècle et Bellarmin le jésuite du 17e, qui disaient tous deux que l'un des plaisirs des sauvés c'est de voir souffrir les damnés! Avec une telle attitude on ne peut se surprendre qu'on ait enseigné un Dieu vengeur, ennemi et justicier. On projette sur autrui (le divin comme le reste) ce que l'on est soi-même. En parcourant la théologie morale de l'Église, on reconnaît moins la nature de Dieu que les refoulements des auteurs. Que l'Église cesse d'entretenir chez son clergé ces culpabilités maladives: en enseignant la confiance et l'amour du corps au lieu d'une culpabilité larvée, on pourra commencer à guérir les êtres.

On regarde souvent les actes sexuels comme sales, bestiaux et immoraux. On a été ici beaucoup aidés par saint Augustin, qui voyait tout acte sexuel comme un péché mortel (véniel quand on voulait un bébé), et le sperme mâle comme le lieu même du péché originel, c'est-à-dire pour lui, la source de tout péché. Et à force de se faire enseigner que le mal se trouvait tout d'abord là, on a fini par s'en vouloir à mort d'être si repoussants.

À mesure qu'on voit le sexe comme coupable, qu'on entretient des remords en ce domaine, on ouvre la porte aux maladies vénériennes. Ce ne sont pas les microbes et les virus qui nous rendent tout d'abord malades, mais nos tendances négatives, destructrices, nos condamnations de nous-mêmes. Quand on ne s'aime pas, on entre en guerre civile avec soi-même et le corps ne fera que manifester ce violent divorce. Alors les microbes et virus en *stand-by* envahiront le terrain propice.

Le système immunitaire (la capacité de se défendre en faisant bloc comme un seul homme contre les envahisseurs possibles) cède enfin et le désordre de la maladie envahit le système. C'est comme un P.D.G. qui dit à ses subalternes: «je n'ai plus confiance en vous». Ceux-ci perdent cœur comme leur maître.

On pourrait vraiment aider les malades du sida à se guérir en commençant par leur redonner confiance en eux-mêmes au lieu de les condamner à l'avance parce qu'on n'a pas trouvé un médicament, un moyen extérieur. Le cancer était considéré au début comme inguérissable et il a cessé de l'être surtout par des suggestions positives, la confiance dans le système de défense, par une vision positive de soi-même, un amour profond de ce qu'on est. Mais aussi longtemps qu'on verra la maladie uniquement comme une attaque de l'extérieur, les malades ne pourront pas se guérir eux-mêmes. Le mal est en nous avant d'être à l'extérieur. Et c'est parce qu'il est en nous qu'il invite celui du dehors. Le semblable attire le semblable.

Ceux qui souffrent du sida entretiennent de la culpabilité au plan sexuel, comme ceux qui souffrent de cancer entretiennent une haine d'eux-mêmes. Le sida est devenu l'affaire de tout le monde, puisque toute la société, surtout occidentale, entretient de la culpabilité en matière de sexe. Elle entretient une attitude de victimisation, d'incapacité à se défendre contre l'extérieur — un manque d'amour de soi, de confiance en soi. Ces malades pourront commencer à guérir le jour où ils s'aimeront tels qu'ils sont, le jour où ils auront la force de croire pleinement en leur valeur personnelle. Alors, les régimes végétariens, les jeûnes, l'entourage joyeux et sympathique pourront s'ajouter à l'attitude positive et créatrice, pour enfin débarrasser le corps de ses parasites destructeurs. Mais le coup de pouce aura été donné par le pardon de soi-même.

Quand nous serons vraiment libérés sexuellement, c'est-à-dire quand nous nous serons pardonnés nous-mêmes et donc libérés de notre culpabilité, nous serons également libérés des maladies causées par la honte, la culpabilité et la condamnation. Il n'y a que l'amour complet qui guérit complètement et quand une maladie est reliée à l'amour comme le sont les maladies vénériennes, c'est évidemment parce qu'on n'aime pas comme il faut qu'on l'attrape. On peut bien sûr contracter d'autres maladies que celles-là si on n'aime pas. Par exemple, ceux qui n'ont aucune relation sexuelle ou pratiquent une extrême prudence en ce domaine peuvent attraper des scléroses, des arthrites, des formes d'asthme ou de cancer. Ce n'est pas parce qu'on n'est pas de travers dans le domaine sexuel qu'on ne l'est pas ailleurs...

Que ceux donc qui se croient sans faille se regardent une deuxième fois. Et qu'ils cessent de condamner et de juger ceux qui leur paraissent impurs. Car juger autrui c'est un boomerang: juger c'est justement l'origine de toute maladie, comme aimer en est l'universelle guérison. Aimons-nous nous-mêmes et nous pourrons aimer aussi les autres. Le grand pardon accordé à tous les êtres délivrera enfin le corps terrestre de toute souffrance, comme il l'aura fait pour notre corps individuel.

Manipulateurs

Il y a des gens qui cherchent à être sauvés et qui ont décidé de vous prendre pour sauveur. Il y a aussi ceux qui s'accrochent à vous et qui veulent vous rendre coupables de les laisser tomber. Il y a enfin plusieurs qui vous manipulent et vous cuisinent dans le but d'extraire de vous ce dont ils ont besoin et qui par des techniques de vampirisme épuisent vos forces et envahissent vos vies.

Jusqu'où peut-on aller pour aider quelqu'un? Jusqu'où l'aide-t-on réellement en lui donnant ce qu'il veut? Où commencent les collusions entre dominants et dominés qui font de vous un exploité naïf?

Dans le domaine qui me concerne — les relations entre dirigeant et dirigé, enseignant et enseigné — j'ai beaucoup réfléchi aux pièges de la manipulation. Peut-être parce que je l'ai pratiquée moi-même et qu'à l'occasion, les anciennes habitudes tendent à remonter.

Manipuler, c'est imposer sa volonté à un autre par des moyens détournés, hypocrites, et plus ou moins subtils. Je me fais souvent approcher par des gens qui veulent m'«acheter», qui essaient de me rendre coupable si je ne leur donne pas ce qu'ils cherchent. Ils s'attendent à ce que je règle leur problème, que je sauve leur mariage. Ni l'un ni l'autre des partenaires ne veut écouter ce que j'ai à lui dire: que le mari est un bébé, que son absence d'autonomie empêche son épouse d'en avoir, que de son côté, l'épouse n'aime pas le mari puisqu'elle est profondément amoureuse de quelqu'un d'autre, mais elle ne veut pas quitter le mari parce que sans elle il se tuerait, etc. Je leur suggère de se quitter mais ils ne veulent pas en entendre parler et m'en veulent de ne pas trouver une solution à leur problème. Ce qu'ils voudraient, c'est que j'offre un moyen de changer l'autre sans avoir à se changer soi-même.

J'ai toujours été de tempérament impressionnable, maniable, influençable. J'étais plutôt un second qu'un chef. Si on s'imposait à moi, j'étais porté à écouter, à me soumettre. Mon manque de confiance en moi, ma peur de l'autorité, doublée de mon habitude d'obéissance à des supérieurs, avaient fait de moi quelqu'un de malléable et d'achetable. Ce n'est qu'à force de regarder ce qui se passait, à force d'être aidé de mes vrais amis et surtout de mes guides spirituels d'en-haut, que j'ai fini par y voir clair.

Justement, parce que j'étais facilement dominé, je devenais, lorsque l'occasion se présentait, facilement dominant. L'absence de confiance en moi que je pratiquais quand je me laissais dominer, refaisait surface quand je dominais à mon tour. Car le dominant agit autant par la peur que son dominé. Tous les deux sont pris dans l'étau de la peur qui cimente leur collusion, leur dépendance mutuelle. Et le passage de l'un à l'autre se fait automatiquement, dès que la situation le permet, puisque le même manque motive les deux cas.

J'entretenais donc moi-même cette absence d'autonomie personnelle et d'égalité entre les personnes. Je me croyais supérieur (une armure pour cacher sa peur) et m'affirmais contre des plus faibles que moi qui, bien sûr, me considéraient et m'admiraient. Jusqu'au jour où j'ai compris que personne n'avançait à ce jeu de manipulation. J'encourageais le dominé à obtenir de moi par séductions et calineries, des choses qu'il n'osait me demander de front. Et de mon côté, par le chantage et les menaces, j'obtenais ce que je voulais. Mais ces moyens étaient inspirés par la faiblesse, par le manque d'honnêteté et de vérité vis-à-vis de soi et des autres. C'était un univers de mensonge. Je mentais pour qu'on mente en retour. Et on mentait pour que je mente.

Ce n'est qu'en apprenant petit à petit à me dire la vérité, à accepter qu'on me dise ma vérité, que j'ai pu enfin arriver à dire aux autres ma vérité et la leur. Que j'ai pu atteindre une certaine liberté vis-à-vis de toutes ces sangsues, ces mains gluantes, ces regards qui mangent vos énergies et vous défendent d'être vous-même.

Maintenant je dis que l'on ne me fera pas faire ce que je ne veux pas, qu'on ne peut non plus m'empêcher de faire ce que je crois devoir faire. J'écoute davantage mes goûts — je ne cherche pas tout d'abord à plaire. Je pense qu'on doit toujours agir uniquement parce qu'on en a le goût. L'esprit missionnaire — agir uniquement pour faire plaisir — empêche d'être vrai avec soi. Ananda Mayi Ma disait qu'il fallait, autant que possible, n'être soumis à l'influence de personne en ce monde.

Une personne venue me voir m'offre des cadeaux. Je me sens mal. Je sens qu'elle veut me faire quelque chose que je ne veux pas, m'influencer. Que dois-je faire? Lui dire gentiment que «je n'accepte pas de cadeaux de gens qui viennent en consultation; c'est un principe, j'espère que vous ne serez pas offensé, mais pour l'authenticité de nos relations, je pense que c'est mieux ainsi.»

Un autre veut que je règle un problème en sa faveur. Il sait que j'ai un ami hospitalisé. Pour me faire plaisir, il est venu le lendemain voir mon ami à l'hôpital. En fait, il est là quand j'arrive. Mon ami m'envoie à la pharmacie. Le manipulateur prend la prescription et s'offre à y aller. Il insiste même. Nous le laissons faire. Il revient avec les remèdes. On lui demande ce qu'il a payé. Il ne veut absolument pas qu'on le rembourse. «C'est un cadeau», dit-il. Mon ami est furieux: «Je n'ai pas besoin qu'on me paye mes remèdes, ce sont mes dépenses à moi et je les paye, je ne veux surtout pas de cadeau.» Il n'a pas accepté mais après qu'on l'a dédommagé, il déguerpit aussitôt. On l'avait démasqué. Nous en étions libérés.

Je pense qu'il est bon de démasquer les gens qui veulent vous acheter, vous influencer, vous manipuler, ne serait-ce que pour emprunter de l'argent. Ces gens savent très bien dans quelle situation financière je me trouve et cependant, parce qu'ils me savent bon et généreux, ils en profitent. De même, ceux qui viennent en consultation et qui me prennent mon temps sans accepter de payer ce qu'il faut. Il est bon de mettre les profiteurs en face de leur geste, de les mettre à leur place. «Oui, tu me dis ça, mais je sais que tu veux me culpabiliser en disant ça, tu veux me faire approuver ta dépendance à mon égard. Eh bien, je n'accepte pas qu'on me culpabilise ainsi. Je ne suis pas ton maître et tu n'es pas mon esclave. Je veux que tu sois toi-même et que tu cesses de dépendre des gens de cette façon. C'est mauvais pour toi de manipuler et ce serait mauvais pour nous deux que j'accepte de l'être.»

Il y a des gens qu'on doit sevrer dès qu'on voit leurs gestes dépendants, dès qu'on voit qu'ils veulent trop être amis avec vous. Ils vont trop vite, ils savent trop ce qu'ils cherchent. Ce sont des gens qui ne veulent pas devenir autonomes. Eh bien, ceux qui ne veulent pas devenir autonomes, je n'ai vraiment rien à leur dire, rien à leur donner. Ce que j'aurais à leur donner ne leur ferait pas plaisir. Je ne suis pas là pour entretenir les dépendants, pour prolonger des enfances, pour créer des faibles. Je suis là pour aider les autres à croître, à devenir eux-mêmes, à se libérer de *toute forme* de domination, la mienne tout d'abord, mais aussi la leur, puisque l'une ne va pas sans l'autre. En me libérant d'une personne dépendante, je la libère.

Nous sommes tous appelés à couper nos fils d'attache, les ventouses et sangsues que nous traînons depuis notre enfance. Nous sommes appelés à lâcher les amarres pour voguer libres dans un espace sans dépendance. Nous sommes faits pour habiter l'univers, agents autonomes, instruments purs de toute collusion, de toute manipulation. Nous sommes appelés à être des personnes uniques, rattachées directement à leur source, en communion avec tous les êtres comme avec des égaux.

Nous sommes faits pour être tous reliés, mais pas par des fils qui nous engluent, nous emprisonnent, nous culpabilisent. Ce sont autant de barreaux de prison. Nous sommes unis ensemble dans la mesure où nous sommes libres d'être nous-mêmes, pas autrement.

Il y a des fois où le seul geste qui peut aider l'autre à voler de ses propres ailes, c'est de le pousser hors du nid.

Le voyage vers le Cœur

C'est en découvrant combien mes émotions m'empêchent d'être heureux que je commence à trouver le vrai sens de la vie, que je commence à entrer sur la voie. Mes émotions me font voir des choses que j'aime et des choses que je n'aime pas. Je ne garde pas mon calme devant les unes pas plus que devant les autres. J'avais préparé un voyage depuis des mois, avec toute l'excitation et l'enthousiasme que cela entraîne, et j'apprends qu'on ne pourra y aller. Du même coup, je m'aperçois que mes dettes étaient plus grosses que je ne pensais et cela bien sûr influença ma décision de renoncer au voyage. Donc, double déception. Cela me fait mal, ça me prend plusieurs heures pour m'en remettre. Qu'est-ce qui se passe?

Mon ego est contrarié. L'ego, c'est l'intelligence et la volonté lorsqu'elles sont faussées par les émotions et les désirs. Alors que quand l'intelligence est claire (comme dans la connaissance mathématique) et la volonté libre, on est naturellement accordé à l'Harmonie universelle — on fait la volonté de Dieu. L'intelligence (quand elle est pure) est la connaissance, mais quand elle est influencée par les émotions ça devient simplement de la pensée quotidienne, un mélange qu'on peut appeler le mental émotif.

Mon ego est donc très contrarié dans ses plans et ses prévisions des événements. Il attend quelque chose et n'accepte pas d'être déçu. Il est révolté contre la vie. De plus, ce voyage était prévu pour l'automne alors que c'est encore l'été. Je vivais donc dans l'avenir. Un avenir non réalisé, non réel, non réalisable. Je ne vivais pas pleinement dans le présent. J'étais à côté de moi-même, dans un monde fabriqué que j'imposais en surimpression à la vie réelle. Le présent n'était pas accepté, il était faussé par le futur.

Et quand j'ai été ramené à la réalité de ce qui seul existe, j'ai été très offensé. Et c'est cela qui empêche d'être heureux: le refus de ce qui est au profit de ce qui n'est pas.

Mon esprit faussé par mes émotions — mon ego — me rend malheureux parce qu'il n'accepte jamais les choses comme elles sont. L'ego empêche d'aimer simplement ce qui est. Quand il aime c'est toujours par opposition à ce qu'il n'aime pas. Il n'aime jamais tout simplement. Il établit toujours des conflits, des oppositions, il vit dans le bien par rapport à un mal. Il ne vit pas dans l'accueil simple et complet du oui et du non (l'agréable et le désagréable).

Et qu'est-ce qui peut accepter ce qui

vient, même quand ça blesse ou contrarie, aussi bien que lorsque ça fait plaisir, qui n'a plus de préférence, mais qui est en faveur de ce qui vient? C'est ce qu'on appelle le Cœur. Ce n'est pas sentimental. Justement, ce n'est plus blessable parce que la capacité de comprendre, de pardonner et d'accepter a dépassé la capacité d'être blessé. C'est de l'amour non préférentiel, c'est-à-dire sans condition. C'est cela que je cherche, c'est cela que nous cherchons. C'est cela que tout le monde a toujours cherché.

Toutes nos passions, nos peurs, nos susceptibilités, nos jalousies, nos vengeances et nos critiques sont des obstacles, des écrans, des blocages, des voiles qui empêchent le Cœur de respirer à sa façon. C'est cela qui empêche d'être heureux. Il n'y a qu'une façon de l'être, c'est d'aimer ce qui arrive, quels que soient l'événement, la blessure ou la personne. C'est dire oui à tout. C'est la chose la plus difficile, mais rien d'autre ne rend heureux, il n'y a pas d'autre chemin.

Habituellement, je dis oui à ce qui me plaît et non à tout ce que je déteste, refuse ou rejette. J'entretiens cette dualité continuelle: un camp de bonnes choses, un camp de mauvaises. Aussi longtemps que je fais ça, je suis malheureux, menacé (par l'autre), en guerre et non en paix. Je dois apprendre à dépasser ces conflits en acceptant les deux «côtés» également, sans préférence, sans exclusion.

Il s'agit de commencer ce matin même à faire le relevé de tout ce qui me blesse, me heurte, m'oppose ou me répugne, il s'agit de faire l'inventaire de mes blessures et de mes passions destructices, sans me mentir à moi-même, sans me croire plus pur ou plus libre, plus évolué, plus généreux que je ne le suis. Regarder clairement combien on est possessif, séducteur, menteur, auto-destructeur. Se voir tel qu'on est. Alors seulement la capacité d'aimer va commencer de s'éveiller.

L'amour ne commence que dans la vérité, dans l'honnêteté avec soi-même. Il ne s'agit pas de se juger, pas du tout, il s'agit de se voir tel qu'on est sans condamnation — c'est justement le contraire d'une condamnation. C'est le regard clair et neutre du scientifique au laboratoire. C'est seulement ce regard qui va enlever les pelures de faussetés dont on a enduit le Cœur et qui fait qu'il ne peut plus respirer ni s'exprimer.

Par la purification du Cœur — surtout en acceptant ce qui nous arrive et ce qui nous est arrivé dans la vie — on finit par voir qu'il y a toujours eu en nous une capacité d'aimer sans peur, de se sentir chez soi dans la vie, sans menace, sans ennemi, de se sentir aimé. L'intelligence du Cœur, c'est comprendre que rien n'est contre soi, qu'il n'y a pas d'ennemi sauf les ennemis créés par l'émotion. L'intelligence du Cœur, c'est la connaissance qui s'éveille lorsque l'épaisseur des passions déformantes a cessé de nous faire méconnaître et fausser la réalité, de nous faire *reconnaître* ce qui est indépendant de ce que l'émotion attend. C'est voir juste.

Cette intelligente ne juge pas, elle ne condamne pas. Il n'y a pas pour elle de bon et de mauvais. Elle voit les choses comme elles sont, comme l'enfant avant d'avoir appris les catégories déformantes des adultes. Cette intelligence est un amour, l'amour non craintif, donc non-possessif, l'amour qui aime même s'il n'est pas aimé. Et comment est-il éveillé? En faisant la découverte complète de ses passions, de ses obstacles, de ce qui empêche de dire oui à la vie, à sa vie. En reconnaissant les *bouncers* qui bloquent l'accès au Cœur, qui entourent le Cœur d'une barricade d'illusions.

Le chevalier doit *reconnaître* les broussailles épaisses qui le séparent de la Belle au bois dormant. C'est en acceptant les négations en lui, les frustrations, les refus, les refoulements accumulés et enchevêtrés qu'il débouchera enfin dans la clarté où sommeille et attend la belle, c'est-à-dire le Cœur. Ce Cœur qui dort depuis longtemps ne s'éveille qu'avec un baiser. Car la connaissance qu'est l'éveil c'est l'amour seul qui la réveille. Au-delà de la forêt des non, sommeille le oui qui, dans un acte d'amour inconditionnel, abolit tous les obstacles.

J'ai choisi ma vie

Cela m'a pris bien des années avant d'accepter et de comprendre que j'étais venu sur terre plusieurs fois. Et autant d'années pour accepter que ce que j'ai connu comme enfance, milieu familial, culturel et religieux, c'était moi qui l'avais choisi. Je comprends donc que l'on puisse avoir beaucoup de difficultés à accepter pareilles idées. Elles vont certainement à contre-courant des enseignements traditionnels. Elles bousculent nos idées religieuses, nos perceptions habituelles, nos façons de sentir. Mais arrêtez-vous à y penser quelque peu, et à un moment donné vous verrez combien la vie prend un sens beaucoup plus plein, plus satisfaisant et que votre responsabilité en est accrue.

Depuis quelques années, les études sur l'au-delà, le voyage astral, les morts cliniques (les cas où une personne est vraiment déclarée morte mais survit, une expérience qui, selon le *Gallup Poll* serait connue de quelque 5% des Américains, c'est-à-dire quelque 8 millions (plus que la population québécoise) se sont multipliées au point que vous pouvez trouver une nombreuse littérature sérieuse sur ces questions. Parmi les plus éclairants, j'aimerais signaler les travaux de Helen Wambach, Edith Fiore et Joe Fisher qui ont fait connaître ce qui se passe avant de naître.* La psychologue et hypnotiste Wambach a fait régresser 750 individus qui ont révélé chacun des choses jusqu'ici complètement inconnues de la science.

---

* Le dieu qui se nourris des enfants.

Bien sûr que les traditions ésotérique et spirituelle étaient au courant, mais il est beau de voir que des faits publics commencent à émerger pour confirmer la sagesse traditionnelle.

Les individus hypnotisés s'entendent sur de nombreux points. Par exemple, sur l'animation du foetus. Ils disent que la conscience est complète et universellement communiquante avant d'entrer dans un corps et que l'une des difficultés à naître consiste précisément à intégrer un corps si fermé sur lui-même alors qu'eux-mêmes sont dans la communication, la liberté et le bonheur de l'esprit. Tout d'abord, à cause du peu d'attraction du logement (le foetus), ils le survolent un peu comme un oiseau-mouche au-dessus de la fleur, dans laquelle il descend de temps à autre.

Eux aussi font des «trempettes» mais sans demeurer à l'intérieur du foetus. Après le sixième mois, certains commencent à s'habituer, mais c'est en traversant le canal pour naître qu'ils embarquent tous définitivement dans leur nouvelle demeure. C'est dire que la maman peut communiquer avec le foetus pendant toute sa grossesse, car l'esprit survole et veille sur le foetus, sa présence étant continuelle.

C'est dire aussi que naître n'est pas un événement agréable, que c'est plutôt répugnant pour l'esprit qui doit s'enfermer dans une masse si peu communicative, dans un corps si isolant. Du reste, une des raisons pour lesquelles on viendrait sur terre serait, selon eux, d'apprendre à communiquer à travers la matière, c'est-à-dire rendre la matière spirituelle capable de communiquer. En somme, capable de se lier, d'aimer. L'esprit en naissant n'est pas un bébé gauche et inapte, nous apprennent-ils, le corps est ainsi. Les personnes qui ont expérimenté avec Helen Wambach sont unanimes à déclarer que l'aventure terrestre est complètement consciente au niveau de l'esprit, de la conscience profonde.

Ils disent donc, que tout est choisi à un niveau plus vaste et universel, qui voit avec sagesse tout ce qui est vrai, ce qui est à faire, ce qui manque dans la brochette de vies antérieures. C'est avec le concours d'une demi-douzaine de guides complètement sympathiques et sages que se prennent les décisions (de prendre un corps à ce moment-là, de choisir tels parents, de tracer tel chemin, de prévoir tel scénario d'épreuves et d'expériences).

Jamais ces sages, qui sont les agents du Maître de Vie (c'est-à-dire Dieu) n'imposent leur volonté. Ils suggèrent, même fortement, mais laissent le sujet libre. Certains sujets refusent de descendre à ce moment-là. Certains aussi refusent d'écouter lorsqu'on leur déconseille fortement de descendre actuellement. Cela, bien sûr, leur rend l'existence très difficile, qu'ils se découvriront ensuite incapables d'assumer.

On vient sur terre pour faire du chemin, pour apprendre à aimer et à communiquer avec tout, pour sortir de ses habitudes accumulées, pour se libérer de son passé, pour réparer les torts, pour s'assouplir, s'exprimer, pour passer de la peur à confiance, de l'ignorance à la connaissance de soi, du mensonge entretenu et cultivé à la vérité complète sur soi. Autrement dit, on vient ici pour apprendre à être heureux en soi-même sans attendre de l'extérieur son bonheur.

Mais qu'est-ce que cela donne de savoir que j'ai choisi mes parents et ma vie? C'est que tout s'éclaire autrement. Les expériences pénibles du passé, je commence maintenant à en comprendre le sens. Le puzzle se complète. Je vois pourquoi j'ai eu tels parents (pour apprendre ce qui arrive de ne pas être aimé, de ne pas être touché physiquement), pourquoi j'ai eu de l'asthme (je me le suis donné dans le but d'attirer l'affection que ma mère ne me donnait pas), pourquoi j'ai eu tellement de difficultés avec l'autorité (la peur des parents et des supérieurs jésuites était due à mon manque de confiance en moi et aussi longtemps que l'autorité ne serait pas rentrée en moi, j'aurais à la fois de la peur et de l'agressivité devant l'autorité extérieure). Finalement, pourquoi suis-je entré chez les Jésuites? Tout d'abord parce que je sais de façon mystérieuse que j'ai été dans une vie précédente une autorité religieuse qui a persécuté les jésuites. Deuxièmement, parce que c'est dans cette congrégation que je devais apprendre tout ce qui empêchait l'individu — moi au départ — d'être complètement fidèle à lui-même et de s'exprimer ouvertement jusqu'au bout. Pourquoi alors en suis-je sorti? Parce que le temps d'apprentissage des talents à développer, de la formation à acquérir, de la confiance en moi à solidifier, était terminé. Et aussi parce que je devais connaître une autre dimension de la vie — la spiritualité libérée de la religion.

C'est ainsi que la poussée libératrice m'a mené vers toutes sortes de personnalités d'autres traditions, vers une œuvre d'éveil, d'encouragement et d'inspiration auprès de tous ceux qui à leur tour s'étaient donné le cadre de la religion catholique pour faire leurs apprentissages et qui maintenant cherchaient à vivre leur vie, à trouver leur voie, à atteindre leur autonomie. Ensemble, nous devions entrer dans cette nouvelle conscience — ouverte sur toute la réalité, libérée du féodalisme, de la religion mère-poule, fondée sur la responsabilité individuelle et l'expérience personnelle de l'Esprit, vécue sans aucune soumission aux pouvoirs humains, dans la décentralisation et l'égalité des êtres.

Depuis que j'ai quitté le monde ecclésiastique, je connais un tout autre univers (qu'à vrai dire je connaissais déjà durant les 12 années précédant ma sortie). J'ai l'avantage d'avoir connu le dedans et le dehors. Je connais maintenant la manipulation parce que je l'ai pratiquée abondamment comme clerc, je connais aussi l'hypocrisie de nous proposer, nous les clercs, comme des espèces de modèles ou des êtres supérieurs parce que nous représentions Dieu, parce que nous étions des êtres spécialement choisis, parce que n'avions pas (publiquement) de relations sexuelles. Je sais aujourd'hui que le refus de ses émotions (de soi-même) entraînent tous les maux et empêchent d'aimer. Ce qui m'a le plus aidé comme Jésuite, c'est que j'ai toujours fait de la musique et de la peinture et c'est cela qui m'a maintenu en contact avec mes émotions.

Comme Piaf, je ne regrette rien de ce que j'ai vécu. Ni d'être né dans une religion négative (entre les deux couvertures d'un catéchisme) ni d'avoir connu tels parents, telle famille et telle éducation. Tout cela a servi de socle, de rampe de lancement, de préparatifs à ce qui devait suivre. Les épreuves émotives et sentimentales, je les accepte aussi. J'ai été content d'être Jésuite (en 1949 le seul monde spirituel ouvert à un jeune homme au Québec était l'univers religieux). Mais je suis bien sûr également content d'en être sorti. C'est *après coup* (après bien des coups) que j'ai découvert tout ce que j'y avais souffert et appris. Comme il arrive souvent pour les épreuves: leur sens n'apparaît clairement que beaucoup plus tard. Et c'est le Cœur en nous qui nous en révèle le sens, jamais la tête. C'est pourquoi on ne peut comprendre pour quelle raison on est venu sur terre et surtout pourquoi on vit telle et telle chose. Cela n'ayant pas été décidé par la tête mais par l'intelligence du Cœur qui préexiste à l'incarnation et ne meurt jamais, ne peut être deviné ni compris par la tête. C'est parce que c'est le Cœur qui a tout préparé et prévu qu'on peut s'abandonner, et comprendre que rien dans la vie ne peut nous détruire.

Comme le sculpteur qui travaille à faire jaillir l'œuvre enfouie, il s'agissait de se libérer de l'extérieur pour révéler l'intérieur, d'enlever ces pelures dont on s'était recouvert pour enfin être découvert, à découvert. Pour être juste soi-même. Et c'est pourquoi le choix avait été fait en moi de vivre toutes ces situations dans lesquelles je m'embarquais, toutes ces émotions dans lesquelles je plongeais, toutes ces habitudes dont je m'enduisais, pour un jour m'en libérer comme au printemps on se déleste des survêtements écrasants de l'hiver afin de pouvoir danser dans la lumière.

Le Christ

Je ne parle pas habituellement du Christ. J'évite ce sujet pour plusieurs raisons: il y a une confusion très profonde dans l'esprit des gens entre Jésus et le Christ et une nette tendance chez beaucoup de soi-disant chrétiens à vouloir imposer au monde entier leur Christ ou leur Jésus (généralement identifiés) comme étant la solution à tout, l'unique sauveur, le fondateur de la seule vraie religion. Je trouve qu'on a tellement abusé de la figure de Jésus (qu'on a largement surfaite) et de cette insistance qu'il n'y a que lui de grand sur terre parce que lui seul serait divin.

On s'attache à la figure de Jésus comme à un héros, mais en faisant ça on n'écoute pas ce qu'il a dit. «N'appelez personne père, maître spirituel ou directeur, car vous n'en avez qu'un qui est en vous». Ou encore, «je vous enverrai l'Esprit qui vous enseignera toutes choses.» Cela veut dire beaucoup, ce n'est pas juste «certaines choses», mais bien tout, c'est-à-dire que c'est l'Esprit-seul-à-l'intérieur-de-nous qui va nous enseigner, qui nous enseigne présentement et qui toujours nous enseignera.

Le guide, l'éducateur, le maître spirituel, c'est l'Esprit, quelque chose d'intérieur, non-identifié à un rôle ou à une seule personne. En écoutant l'Esprit on cesse d'attendre le salut de l'extérieur. Si on veut vraiment être le disciple de Jésus, il faut faire ce qu'il a fait: remettre en question la religion reçue pour la dépasser, la dépouiller, pour retrouver son essence, son Esprit, justement.

Mais peut-être que la vie des spirituels qui ne sont pas dans les Églises —

tous ceux qui appartiennent au Nouvel Âge — pourra jeter un autre éclairage sur la question. Le Nouvel Âge est un nom que l'on donne à l'émergence d'une conscience planétaire inspirée de l'intérieur, décentralisée et sans hiérarchie. Cette nouvelle attitude est axée sur l'exploration individuelle du Cœur, de la Conscience non-répressive, non-autoritaire, non-dépendante (l'abolition des oppositions entre dominants et dominés). On ne désire pas posséder, être matériellement nanti ou exercer un pouvoir, mais on vit dans la confiance de l'enfant, dans l'abandon et dans la sagesse du corps et de la terre, loin des pièges du mental et de l'émotion possessive.

Ces gens qui, comme à Findhorn en Écosse, vivent vraiment une expérience de partage communautaire sans autorité qui les mène de l'extérieur, apparaissent un peu partout, mais sans être organisés en un seul bloc politique, culturel ou idéologique. Ils ne se connaissent pas et n'ont aucune intention missionnaire. Ils sont le levain d'une conscience nouvelle qui travaille aujourd'hui la planète et l'aide comme une sage-femme à enfanter cette grande unité des cœurs après une si longue et déchirante division.

Cette grande unité des cœurs, cette humanité pouvant un jour fonctionner comme un seul homme, c'est ce que j'appelle le Christ. C'est un peu comme un *group mind* tel qu'on le trouve chez les termites, les fourmis ou les abeilles: il n'y a pas d'insecte considéré comme individu, l'individu c'est la ruche complète. Il n'y aurait pas d'humains séparables de l'ensemble, et l'ambition individuelle de réaliser son petit royaume est dépassée par l'intention de l'ensemble, inspiré par le Cœur en chacun. Le mental individuel diviseur a cédé la place au Cœur rassembleur, qui n'abolit pas les différences et la variété, mais abolit leurs oppositions et leurs prétentions à la supériorité.

Il ne faudrait pas croire pour autant que l'on s'en aille vers une perte de son individualité. L'autonomie, c'est d'être rattaché au Centre, à la Source, au Cœur et n'être guidé que par là. Ce n'est pas justement devenir quelqu'un de la masse, perdu et soumis au moindre vent de mode ou d'opinion. C'est être un peu comme dans un filet de pêche: chaque nœud est aussi important que tout autre, et tous ensemble sont nécessaires pour créer le filet de pêche.

Il y a une autre image que j'emploie parfois. Imaginez le divin comme un grand rond de lumière blanche. À l'intérieur se trouvent un nombre incalculable de petits ronds mais colorés cette fois. C'est nous. Chaque rond est d'une couleur différence, chacun laissant passer la lumière de façon incomplète, d'où la couleur. Mais il arrive un temps où tous les petits ronds blanchissent, devenus transparents à la lumière, tous animés de la même Grande Conscience et cependant autonomes, en ce sens que *les ronds demeurent*. Il ne reste que la grande lumière blanche passant à travers tous et chacun, alors que chaque individu demeure une façon unique de reproduire, de manifester l'Ensemble. Cela pourrait être l'image de ce qui se passera à la fin...

Le Christ dont je parle n'est pas encore formé, il n'est pas réalisé, complété. Il émerge, il commence à poindre, il est sur le point de naître.

Ce ne peut être un individu qui comme les chrétiens l'ont cru, reviendrait un jour en puissance, trônant sur un nuage parmi le plus beau feu d'artifice imaginable, pour s'imposer de force à l'univers et justifier les chrétiens d'avoir toujours vu leur chef comme le meilleur, le plus fort, même le seul. Toute idée de supériorité, de démonstration de puissance, d'écrasement des vaincus, (comme dans la conception du Christ Roi militant de l'action catholique) relève davantage d'un Rambo ou des rôles cinématographiques de Schwartzenegger, que du Christ. C'est-à-dire que ce n'est que l'ego qui projette sur une figure ses traits magnifiés à l'infini. Vouloir enrayer le mal en le détruisant par la violence, c'est être le jouet naïf du mal. Les civilisations comme l'américaine sont friandes de ces aberrations. Jamais, disait le taoisme d'il y a quelque 2500 ans, on ne vaincra la violence par la violence, seulement par l'amour. Les images d'un Christ venant reprendre possession triomphale du monde relève de l'adolescent aigri en nous qui voudrait un jour régler leur compte à tous les ennemis qui ont refusé de se soumettre. Je ne suis pas du tout sûr que le Yahweh de l'Ancien Testament, qui était vraiment la projection d'un ego de groupe déchaîné (toutes les guerres qu'on disait commandées par lui) n'a pas été dépassé, en termes de militarisme, d'intolérance et de destruction des ennemis, par l'ère chrétienne (on a trop tendance en milieux chrétiens à oublier, à éponger, à ignorer ces attitudes invétérées du christianisme, comme l'alcoolique qui retarde sa transformation aussi longtemps qu'il refuse de se *reconnaître*).

Dans une semblable atmosphère, il est normal que les figures de juge condamnateur, de conquérant invincible et intolérant aient prévalu, puisque le clergé, qui se disait lieutenant de ce dieu, pratiquait lui-même toutes ces attitudes. On projette ce qu'on vit et ce qu'on est et on n'a qu'à regarder les images qu'on s'est faites du divin au cours des âges et des civilisations pour voir quelle idée on se faisait de soi-même, comment on se condamnait et se jugeait.

Mais toutes ces images de conquérants prétentieux, créant des esclaves et des conflits mondiaux, depuis Ghangis Khan à Staline, depuis Napoléon à Hitler, sont désormais révolues. C'est le passé dont il s'agit de se libérer, qu'il s'agit de convertir en le reconnaissant, en l'acceptant.

Sur terre, personne n'a jamais été au-dessus de quiconque dans sa valeur profonde, dans son être intérieur, c'est-à-dire devant Dieu. Par le fait même, aucun humain non plus n'a jamais été inférieur à un autre dans son essence. Il y a bien sûr des rôles et des talents divers, depuis le balayeur jusqu'au p.d.g., du simple citoyen au chef d'État, du fidèle à son Pape. Ce ne sont que des rôles mais c'est là où les gens chopent. On pense spontanément que celui qui joue un rôle supérieur doit être plus près de Dieu. Ce sont les responsables, ceux qui ont un rôle de responsabilité qui abusent de leurs fonctions, de leurs pouvoirs et oublient la raison d'être de leur situation sociale, qui oublient qui ils sont et quelle est la valeur d'un être humain indépendamment du rôle qu'il joue. Ils sont là pour aider ceux qui ont un autre rôle, surtout celui de recevoir leurs conseils ou leur secours, à devenir autonomes, plus conscients d'eux-mêmes, et enfin complètement indépendants de toute forme d'autorité. Le rôle de toute personne en autorité me semble être de rendre les autres adultes. Le rôle des autorités est de rendre à chacun son autorité personnelle qui veille en son cœur et que personne n'a le pouvoir ni le droit d'usurper.

Le Maître de la vie ne peut vouloir des dépendants, mais des responsables qui prennent en main leur propre vie. Ce maître veut que chacun soit complètement unique — puisqu'il nous a faits tous différents (même à l'intérieur d'une seule famille) avec des talents, donc des rôles différents. Notre unicité est en rapport avec notre fidélité à nous-mêmes: plus nous sommes fidèles à être nous-mêmes, plus nous devenons uniques et notre rapport à l'ensemble irremplaçable. Mais plus nous devenons uniques et fidèles à nous-mêmes, plus nous devenons ouverts aux autres, universels et capables de communiquer. Car c'est dans la mesure où l'on est capable de se tenir debout tout seuls qu'on peut sans être ravalés ou absorbés, entrer en rapport profond avec les autres. La confiance en nous-mêmes est la base de l'ouverture aux autres.

La grande unité des êtres que j'appelle le Christ, n'est pas possible si les cellules qui la composent sont inertes, faibles, et influençables. Plus on sera capables d'être pleinement soi-même, plus on pourra aimer, plus le Cœur en nous unira tous les êtres. Plus aussi nous serons ouverts à ce ferment d'union et de respect, d'unité et de variété, d'affirmation et de tolérance, qui est au cœur du Christ. Être unis aux autres ne veut pas dire leur être soumis, être fusionnés ou ravalés. Au contraire, cela veut dire être un vis-à-vis sans peur, donc sans besoin de dominer ou d'écraser. La division entre les êtres vient de la peur qui entretient les guerres et crée les ennemis, en nous et entre nous. L'union vient de l'amour qui entretient les échanges entre des égaux. Le temps où les hommes se verront comme des images de l'Un pourra alors commencer.

L'auteur reçoit chez lui pour des consultations privées.

Il est également disposé à donner des conférences ainsi que des séminaires d'une journée ou d'un week-end à des groupes qui le désirent.

S'adresser au 10006 ave, du Sacré-Cœur, Montréal, Qué., H2C 2S9. Tél.: 383-7690

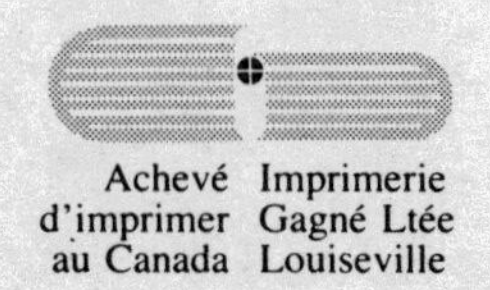

Achevé d'imprimer au Canada

Imprimerie Gagné Ltée Louiseville